Dachböden ausbauen

BELLAVISTA

Uwe Kollmorgen

Dachböden ausbauen

Der praktische Ratgeber für alle Heimwerker

BELLAVISTA

www.karl-mueller-verlag.de

Redaktion, Satz und Layout: REDAKTION SELBERMACHEN, JAHRESZEITEN VERLAG GMBH, Hamburg
Projekt-Koordination: INTERPILL MEDIA GmbH, Hamburg

Hinweis
Das vorliegende Buch ist sorgfältig erarbeitet worden. Dennoch erfolgen alle Angaben ohne Gewähr. Autoren und Verlag bzw. dessen Beauftragte können für eventuelle Personen-, Sach- oder Vermögensschäden keine Haftung übernehmen.

Druck und Bindung: Slovenská Grafia, a.s.
Printed in Slovakia

ISBN: 3-89893-710-0

Inhalt

Fachgerechter Dachausbau:

in zehn Schritten zum Ziel

Baustimmung unterm Dach: Unser Foto vermittelt, was alles dazugehört, damit es unterm Giebel wohnlich wird.

Der Ausbau eines ungenutzten Dachgeschosses ist die wirtschaftlichste Art, neuen Wohnraum zu gewinnen. Lesen Sie, welche Bedingungen dafür erfüllt und welche Arbeiten dabei verrichtet werden müssen.

Logik bestimmt die Abläufe

Die vielen Markierungen auf der Zeichnung mögen im ersten Moment vielleicht ein wenig verwirren. Aber keine Angst: Beim Dachausbau folgt eine Aufgabe auf die andere – und alle sind so aufeinander abgestimmt, daß ein Austauschen nur in recht geringem Umfang möglich ist.
Es beginnt mit der planerischen Aufgliederung der Dachfläche und der sehr praktischen Überlegung, wo der Zugang zum Dach am besten vorzusehen ist. Den kann man während der Ausbauphase erst mit einer Behelfstreppe lösen, damit die endgültige Treppe nicht durch den Bauschmutz unansehnlich wird. Die Dachflächenfenster sollten in der trockenen, warmen Jahreszeit eingebaut werden: die erste praktische Arbeit, die zu erledigen ist. Dann folgt das Dämmen der gesamten Dachfläche, damit man sich darunter stets behaglich fühlt. Auch der Giebel wird gleich mitgedämmt. Danach sollte man den Einbau des Rohbodens angehen, der später mit Teppichboden, Holzdielen oder Fliesen belegt werden kann. Will man die Dachbodenfläche in mehrere Räume unterteilen, folgt das Errichten der Leichtbau-Trennwände, die gleich mit Türen und Zargen versehen werden. Logisch wäre es, danach die Dachflächen zu verkleiden. Gipskartonplatten oder Holz sind die beliebtesten Materialien dafür. Erst ganz zum Schluß sind die Bodenbeläge und die Einbaumöbel an der Reihe. Einen Badeinbau (falls gewünscht) vornehmen, bevor der endgültige Boden verlegt ist. Dabei gibt es viel Schmutz!

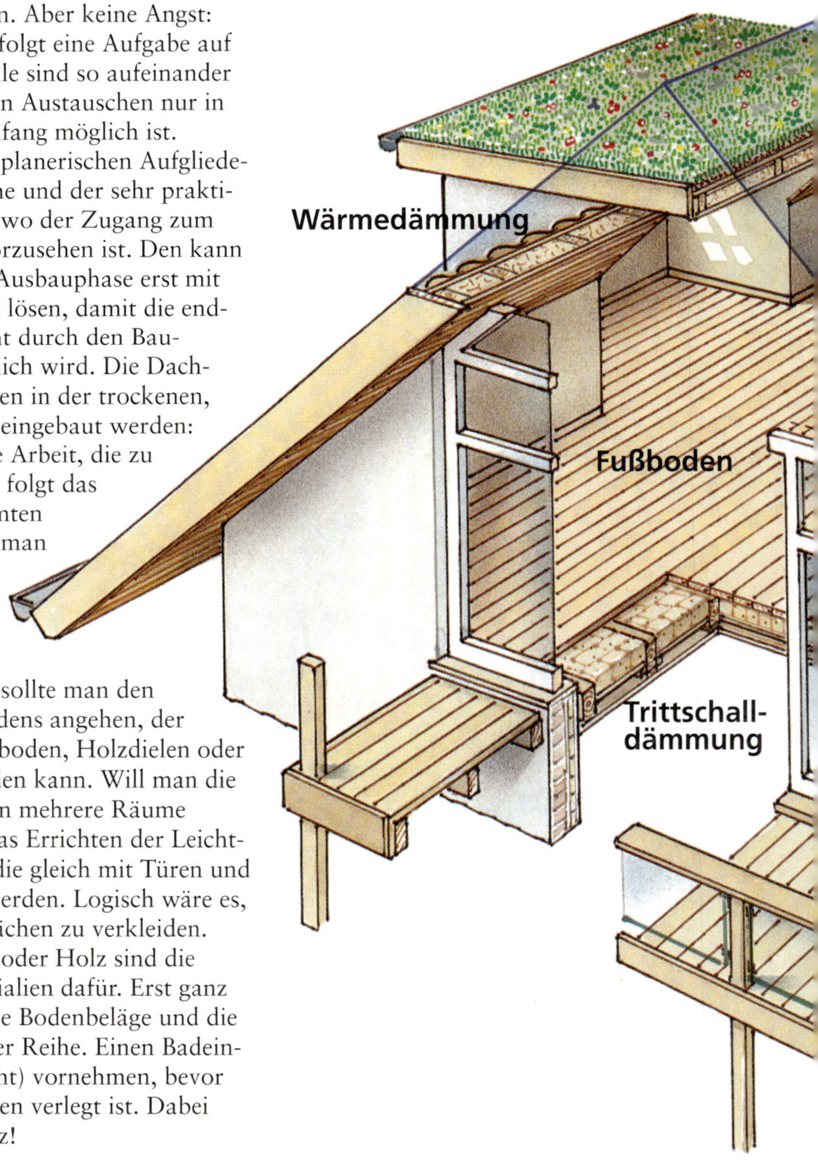

können beim Dachausbau anfallen.

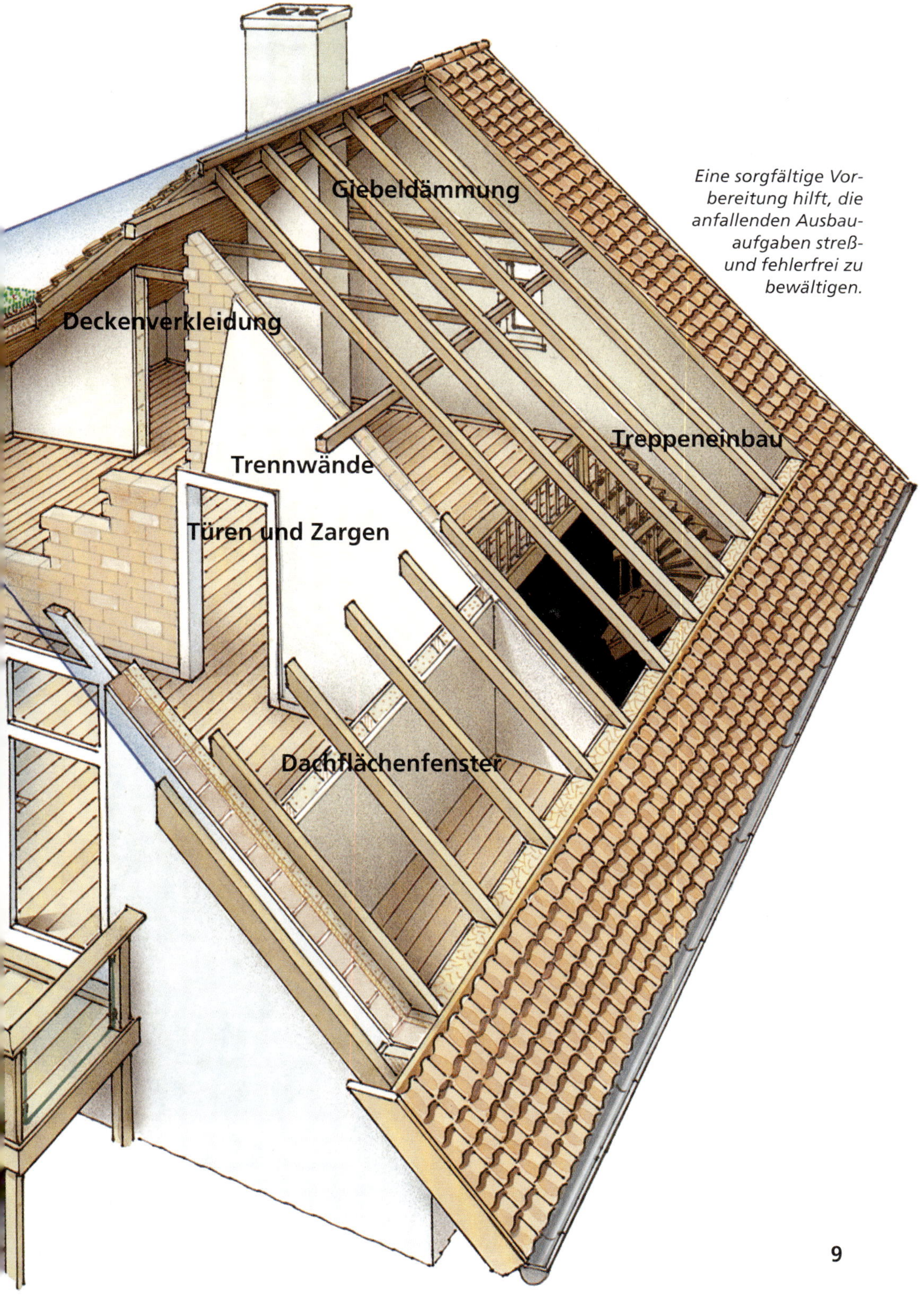

Eine sorgfältige Vorbereitung hilft, die anfallenden Ausbauaufgaben streß- und fehlerfrei zu bewältigen.

Die Fähigkeiten **richtig einschätzen:**

1 **Dachflächenfenster einbauen:** *trotz ausführlicher Anleitung und maßgenauer Fertigteile für Selbermacher eher problematisch.*

2 **Dämmstoffe auswählen** *und richtig verarbeiten: eine Aufgabe, die jeder schaffen kann – die Dampfbremse eingeschlossen.*

Was ist zu schaffen, was nicht?

Die Lektüre dieses Buches soll helfen, den Umfang und den Schwierigkeitsgrad aller beim Dachausbau anfallenden Arbeiten richtig einzuschätzen. Denn das Vorhaben, neuen Wohnraum unterm Dach zu schaffen, ist zwar auch für Hobbyhandwerker zu bewältigen – im Handumdrehen ist es hingegen nicht erledigt. Das sollte jedem klar sein, bevor er sich mit allen fleißigen Helfern in der Familie ans Werk macht. Wer die Fotos in diesem Buch genau betrachtet, wird auch schnell erkennen, für welche Gewerke man sich vielleicht besser nach einem Fachmann umsieht. Selbst wenn man den Einbau der Dachflächenfenster – um nur ein Beispiel zu nennen – vom Zimmermann vornehmen läßt, hat man mit den verbleibenden Arbeiten immer noch genug zu tun. Ausreichend Möglichkeiten, durch Eigenleistung Geld zu sparen, bietet der Dachausbau allemal. Auch vor bisher ungewohnten Arbeiten sollte man nicht „kneifen". Oft zeigt sich, daß man viel mehr kann, als man es sich selber zugetraut hat!

3 **Die Giebelwand dämmen:** *mit Verbundplatten, die Wandfläche und Dämmung in einem Zug schaffen, eine leichte Übung.*

4 **Geschoßtreppen montieren:** *Auch das können Hobbyhandwerker dank praktischer, vorgefertigter Bausätze selbst schaffen.*

dann ist der Erfolg schon sicher.

5 **Den Rohfußboden** *im Dachgeschoß kann man mit sogenannten Trockenestrich- oder Verlegeplatten leicht in Eigenarbeit legen.*

6 **Leichtbau-Trennwände,** *mit denen man die Dachfläche unterteilen kann, stellen auch an Baulaien keine großen Anforderungen.*

7 **Türen und Zargen** *zu montieren erfordert keine Spezialkenntnisse. Beide gibt es in vielen Größen für verschieden dicke Wände.*

8 **Die Dachschrägen mit Holz verkleiden:** *eine schöne Aufgabe für geschickte Hobbyhandwerker. Große Sorgfalt ist hier gefragt.*

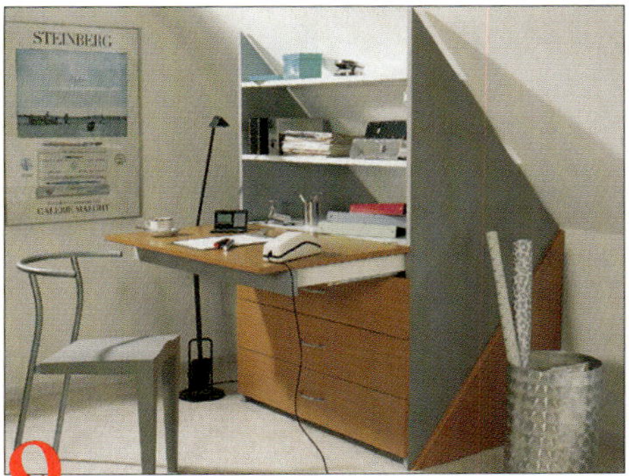

9 **Möbel für die Schräge** *müssen oft speziell entworfen und angefertigt werden. Wir zeigen Lösungen für Selbermacher.*

10 **Die Naßzelle** *unterm Dach verlangt nach speziellen Entwürfen und wasserfesten Materialien. Eine Aufgabe für Versierte.*

Wann lohnt sich der

Bevor aus einem kahlen, ungedämmten Dachboden ein gemütlicher Wohnraum werden kann, ist manches zu bedenken. Die grundsätzlichsten Fragen sollte man klären, noch bevor eine Mark für Baumaterial investiert ist.

Ausbau des Dachbodens?

Einen ungenutzten Boden bewohnbar zu machen ist stets eine gute Idee. Diese Checkliste verrät, ob er die wichtigsten Ausbaukriterien erfüllen kann.

Ob man mehr Wohnraum für die Familie schaffen möchte oder ein kleines Appartement zum Vermieten entstehen soll: Mit einem Dachausbau in Eigenregie kann man nur gewinnen. Zumal kaum ein anderes Bauvorhaben so genau zu kalkulieren ist wie gerade der Dachausbau. Die Flächen von Boden, Wänden und Dach lassen sich schon vorher genau ausmessen. Der Materialbedarf ist auch schon recht exakt zu ermitteln, so daß unangenehme Überraschungen erspart bleiben. Und doch sind einige Grundfragen zu klären, bevor man ans Werk gehen kann.

Treppen: Wie geht's nach oben?

Die einfachste Lösung ist der Einbau einer einläufigen Treppe. Sie führt in einer Richtung zum darüberliegenden Dachgeschoß. Eine doppelläufige Treppe ist teurer und benötigt wegen ihres Wendepodestes mehr Platz. Ein wahres Platzwunder ist die Spindeltreppe, deren Stufen spiralförmig um das Zentrum, die Spindel, angeordnet sind. Die erforderliche Mindeststufenbreite beträgt wie bei den konventionellen Treppen 80 cm. Einschließlich der Spindel und des Geländers beansprucht solch eine Treppenlösung eine kreisförmige Grundfläche ab zwei Metern. Die für alle Wohnraumtreppen übliche und empfehlenswerte Stufenhöhe beträgt 18 cm, die maximale Höhe darf 21 cm nicht überschreiten.

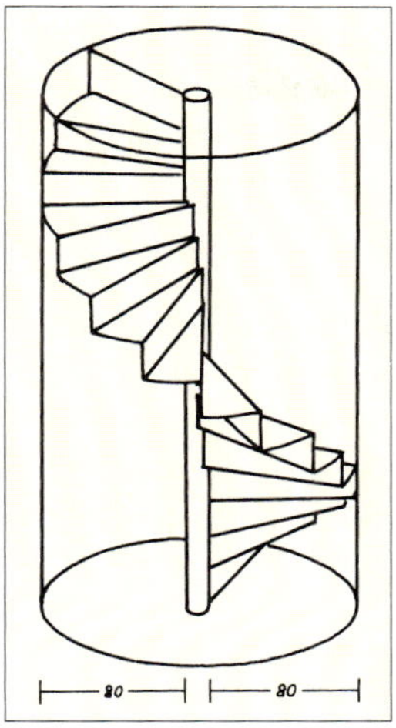

Die Spindeltreppe *ist die platzsparendste Verbindung zweier Geschosse. Platzbedarf: eine Kreisfläche von 2 Metern.*

Die einläufige Treppe *ist die einfachste Art, von einem Geschoß ins nächste zu gelangen. Der Platzbedarf jedoch ist größer.*

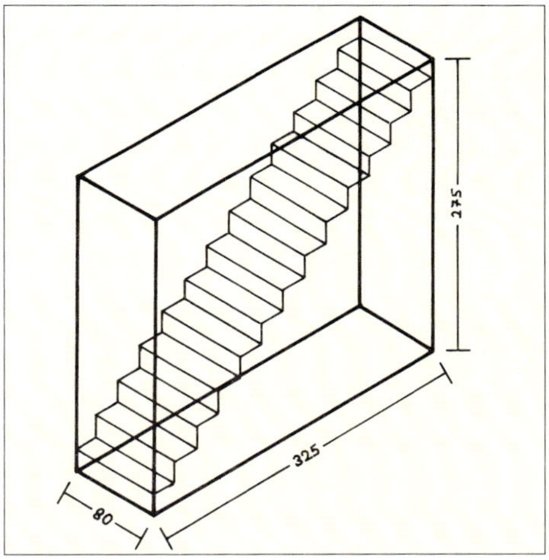

Decken: Wie hoch darf's sein?

Eine Deckenhöhe von 2,3 m ist das von den Baubehörden zugelassene Mindestmaß für Aufenthalts- und Wohnräume. Treten im Dachraum Balken aus der Dekke, gilt deren Unterkante als Bezugsmaß. Niedrigere Abschnitte im Bereich der Dachschrägen dürfen natürlich in den Wohnraum einbezogen werden. Wo immer möglich, sollte aber eine größere Raumhöhe angestrebt werden.

Auch Großzügigkeit läßt sich einplanen.

Fenster: die Quelle zum Licht

Ein Achtel der Grundfläche eines Raums muß Fensterfläche sein – so lautet die Weisung der Baubehörde. Dieser Wert darf (und sollte!) überschritten werden. Man muß aber auch an die Auswirkungen auf das Raumklima denken: Glasflächen wandeln Sonnenstrahlen in Wärmewellen um, was zu einer Aufheizung des Raums führt. Dachgauben sind recht teuer.

Dachform: Sie gibt den Raum

Die ausbaufreundlichste Form ist das Satteldach. Die geraden Giebelwände dieser Bauform schränken den Freiraum des Geschosses nicht ein. Das verbreitete Walmdach schneidet platzmäßig schlechter ab, läßt aber – wenn darunter genug Platz ist – mehr Spielraum für architektonische Gestaltungsmöglichkeiten.

Brandschutz: Das ist bindend

Die bewährte Standardlösung: *Eine einläufige Treppe erschließt den neuen Wohnraum unterm Dach. Die Kopffreiheit darf 2 m nicht unterschreiten.*

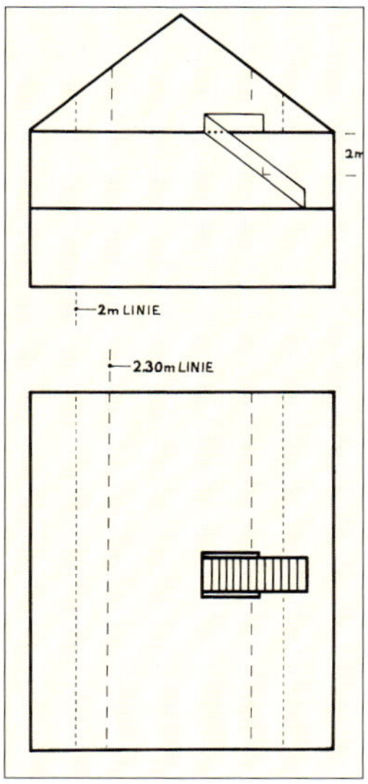

Eine wichtige Rolle beim Ausbau eines Dachs spielt der Brandschutz. Die geltenden Bestimmungen fordern eine Bauausführung, die dem Feuer eine Mindestzeit widerstehen muß. Die übliche Norm heißt F 30: Der verwendete Baustoff muß dem Feuer mindestens 30 Minuten lang standhalten können. Bedenken Sie das beim Einkauf der Materialien, die für den Dachausbau zum Einsatz kommen.

Dämmung: Damit bleibt es warm

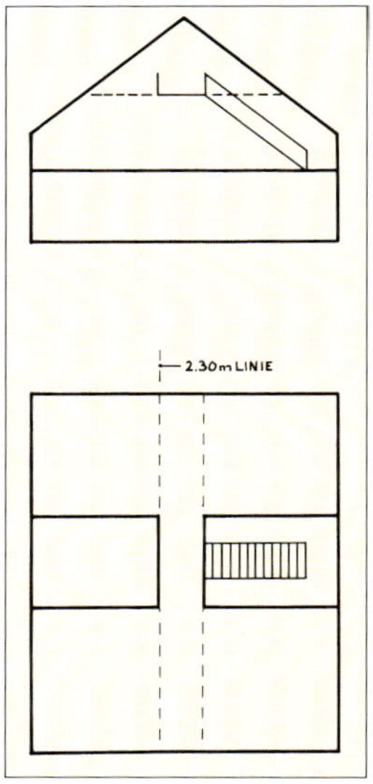

Optimal bei kleinem Raum: *eine kleine Galerie unter dem Spitzboden verleiht dem darunterliegenden Raum eine großzügige Weite.*

Die Dicke des Dämmstoffs, der meist zwischen den Sparren eingebracht wird, sollte 18 cm nicht unterschreiten. Falls die Sparren nicht dick genug sind, kann man sich durch Aufdoppeln mit Latten helfen. Das allerdings bringt ein wenig Platzverlust im Wohnraum mit sich.

Heizung: Ökonomisch soll's sein

Meist ist die Erweiterung einer im Haus bestehenden Heizungsanlage um einen oder mehrere Heizkörper kein besonderes Problem. Klären Sie aber sicherheitshalber mit Ihrer Heizungsfirma ab, ob der vorhandene Heizkessel genügend Leistungsreserven besitzt. Ein Austausch verteuert das Ausbauvorhaben erheblich.

Wer einen Ausbau plant,

Bevor der Traum vom schön ausgebauten Dachgeschoß wahr wird, sollte man alles auch rechtlich absichern.

muß folgende Dinge prüfen:

Nur der Hausbesitzer hat alle Möglichkeiten zum Ausbauen

Wollen Sie einen ungenutzten Dachboden im eigenen Einfamilienhaus ausbauen? Dann genießen Sie schon mal den Vorteil, niemanden um ein Einverständnis bitten zu müssen.

Bei allen Eigentümern in einem Mehrfamilienhaus ist das schon anders. Hier muß die Mieterversammlung alles Wesentliche beschließen – also auch, ob ein Dachgeschoß ausgebaut werden darf oder nicht. Allerdings unterliegen auch die Besitzer eines Einfamilienhauses den bau- und planungstechnischen Vorschriften des geltenden Baurechts. Das sind im wesentlichen die Vorschriften des Bundesbaugesetzes und die Vorschriften der Landesbauordnungen, die in den einzelnen Bundesländern unterschiedlich gefaßt sind. Hierin und in den begleitenden Verordnungen (z. B. in der Wärmeschutzverordnung) sind wesentliche Fragen zum Schallschutz, zum Brandschutz und zum Wärmeschutz geregelt. Planungsrechtliche Einschränkungen und Auflagen ergeben sich aus den sogenannten Bebauungsplänen. Sie können sie in dem für Ihren Bezirk zuständigen Bauamt oder in der Stadtplanungsabteilung einsehen. Neben den baurechtlichen und planungsrechtlichen Voraussetzungen müssen auch bauliche Voraussetzungen erfüllt sein. So muß z. B. geklärt sein, ob die vorhandene Bausubstanz einen Ausbau des Dachs überhaupt zuläßt. Wer das nicht selbst beurteilen kann – und das sind wohl die meisten Hauseigentümer –, sollte den Rat eines erfahrenen Architekten einholen. Auskunft erhält man auch über die Architektenkammer.

Auf Nummer Sicher gehen: Der Mustervertrag hilft dem Mieter

Beim Deutschen Mieterbund kann man einen Mustervertrag bekommen, in dem Rechte und Pflichten von Mieter und Vermieter bei Ausbau- und Renovierungsarbeiten genau behandelt werden.

Festgelegt sind darin unter anderem:

- der Wert eventueller Eigenleistungen des Mieters,
- welche Versicherung im Schadensfall greift (Privathaftpflicht des Mieters oder Hausversicherung des Vermieters),
- welche Folgen bei Auszug des Mieters eintreten (Entschädigung oder Übernahme durch den Nachfolger).

Nach diesem Mustervertrag werden die Einbauten von Beginn an Eigentum des Vermieters. Die Aufwendungen des Mieters in Höhe einer Jahreskaltmiete gelten in vier Jahren als abgewohnt. Während dieser Zeit darf die Miete nicht erhöht und dem Mieter nicht gekündigt werden. Zieht der Mieter allerdings vorzeitig aus, kann er eine Entschädigung vom Vermieter verlangen. Das sind im ersten Jahr 80 Prozent der Aufwendungen, danach jedes Jahr zehn Prozent weniger.

Wollen Sie mehr wissen? Wenden Sie sich an den Deutschen Mieterbund in 50926 Köln. Hier gibt es auf Anfrage kostengünstige Broschüren mit Themen rund um die Wohnungsmodernisierung.

Immer alles schriftlich machen

Auch wenn Sie Mieter in einer Dachwohnung sind, können Sie Ihr Heim modernisieren oder ausbauen. Um Problemen vorzubeugen, sollten Sie folgendes beachten:

- Meist sind Einbauten, Umbauten und Installationen des Mieters laut Mietvertrag genehmigungspflichtig. Ohne Einwilligung des Vermieters geht in diesem Fall nichts.
- Fehlt im Mietvertrag eine Regelung, darf der Mieter Veränderungen vornehmen, aber nur solche, die keinen erheblichen Eingriff in die Substanz der Wohnung mit sich bringen (z. B. Einbau eines Durchlauferhitzers, Aufbau einer transportablen Duschkabine, Einbau einer Duschabtrennung).
- Maßnahmen, die einen wesentlichen Eingriff in die Beschaffenheit und Substanz der Wohnung bedeuten, bedürfen grundsätzlich der Zustimmung des Vermieters. Das sind zum Beispiel bauliche Veränderungen wie der Einbau eines Bads, einer Gasetagenheizung, eines Dachflächenfensters, Wanddurchbrüche, Anschluß eines Kaminofens oder Einbau von Isolierglasfenstern. Ein Rechtsstreit ist immer mit einem hohen Risiko behaftet. Unser Tip: erst mit dem Vermieter einigen. Und dann schriftlich festlegen:
- welche Veränderungen Sie in der Wohnung vornehmen dürfen,
- welchen Wert die Veränderungen haben und wie die Abschreibung geregelt wird,
- ob Einbauten bei Auszug in der Wohnung bleiben dürfen,
- ob Sie vom Nachmieter einen Abstand verlangen dürfen,
- ob der Vermieter bei Auszug eine Entschädigung an Sie zahlt.

Bauherren sollten diese

Die baulichen Voraussetzungen

Bevor Sie auf die Ämter laufen oder Ihre Miteigentümerversammlung fragen, sollten Sie die bauliche Substanz von Haus und Dachgeschoß untersuchen und klären, ob:

- ein sicherer Zugang zum Dach existiert oder einzurichten ist – z. B. mit einer feststehenden Treppe,
- es möglich ist, an die Ver- und Entsorgungsleitungen des Hauses heranzukommen (Warmwasser- und Kaltwasserleitung für Bad, Abwasseranschluß, Stromversorgung etc.),
- die neuen Räume an den Heizkreislauf angeschlossen werden können,
- an den Schornstein eine Gastherme oder ein Ofen angeschlossen werden kann (Auskunft: Schornsteinfeger),
- die Eindeckung in Ordnung ist und eine vernünftige Dämmung zwischen den Sparren eingebracht werden kann,
- der Fußbodenaufbau eine ausreichende Wärme- und Trittschalldämmung gewährleistet bzw. ob sie mit Verlegeplatten oder gedämmten Verlegesystemen erreicht werden kann,
- eine ausreichende Belichtung des Dachraums zu erzielen ist.

Die baurechtlichen Voraussetzungen

Ob ihr geplanter Dachausbau genehmigungspflichtig ist und welche Gesetze und Verordnungen zur Anwendung kommen, muß vor Baubeginn geklärt werden. Die wichtigsten Regeln:

Wer sich rechtzeitig informiert, erspart sich Ärger.

Punkte beachten:

- Soll in einem Mehrfamilienhaus eine neue Wohnung unterm Dach entstehen, ist die bauliche Maßnahme generell von der Erteilung einer Baugenehmigung abhängig. Das für Ihren Bezirk zuständige Bauamt informiert Sie über die für Ihr Bundesland gültigen Richtlinien. Der Ausbau wird baurechtlich wie ein Neubau behandelt, weshalb hier auch immer die neuesten Vorschriften zum Schall-, Wärme- und Brandschutz zu befolgen sind.
- Soll der bisher ungenutzte Dachboden in einem Einfamilienhaus ausgebaut werden, wird zunächst alles ausgemessen. Wird die Grundfläche des ausgebauten Dachbodens weniger als zwei Drittel des darunterliegenden Geschosses betragen, was normalerweise der Fall ist, ergibt der neue Wohnraum baurechtlich kein zusätzliches Vollgeschoß und darf in den meisten Bundesländern ohne Baugenehmigung erstellt werden. Dies gilt allerdings nur, wenn hierbei keine Änderung der vorhandenen Bausubstanz vorgenommen werden muß (statische Eingriffe, Gauben usw.). In der Regel sollte der neue Raum unterm Dach auf zwei Dritteln der Grundfläche eine Mindesthöhe von 2,30 m aufweisen (so in Hamburg, genau geregelt in den Landesbauordnungen). Auch ist es aus haftungs- und versicherungstechnischen Gründen ratsam, alle üblichen Vorschriften des Brandschutzes zu befolgen.
- Neben den Vorschriften des Baurechts (Bundesbaugesetz und Landesbauordnungen) sind Vorschriften des örtlichen Planungsrechts zu beachten.

Vorsicht bei Alleingängen

Wollen Sie einen Dachboden zu einer Eigentumswohnung ausbauen oder Ihre Dachgeschoß-Eigentumswohnung umbauen oder renovieren? Dann sollten Sie dieses wissen:

- In einem Mehrfamilienhaus sind Sie in der Regel Miteigentümer. Das heißt, daß Sie am Dachgeschoß oder der bereits bestehenden Wohnung ein Sondereigentum besitzen. Wesentliche Bereiche wie Dach, Außenwände, Treppenhaus gehören zum Miteigentum, unterliegen somit der Verfügungsbefugnis aller Eigentümer.
- Die rechtlichen Verhältnisse der Eigentümer untereinander sind im Wohnungseigentumsgesetz geregelt. Eine detaillierte Beschreibung des entsprechenden Objekts geht aus der sogenannten Teilungserklärung hervor.
- Über alle das Miteigentum betreffenden Teile des Hauses darf nur die Eigentümergemeinschaft verfügen. Bevor Sie einen Dachboden zum Ausbau kaufen, muß geklärt sein, ob die Eigentümerversammlung dem Ausbau zustimmt. Auch wenn Sie Eigentümer einer Dachwohnung sind, dürfen Sie keine Veränderungen im Bereich des Miteigentums vornehmen.

Nutzungsbeschränkung

Ob es um den Einbau von Gauben, die Errichtung einer Dachterrasse oder den Anbau eines Balkons geht: alle diese gravierenden Veränderungen dürfen Sie nicht ohne die Genehmigung aller Miteigentümer vornehmen. Auch Eigentümer unterliegen dieser Nutzungsbeschränkung!

Mehr Licht und Luft

Wer unterm Dach nicht nur eine schummrige Kammer, sondern einen hellen, freundlichen Lebensraum schaffen will, ist mit dem Einbau von Dachflächenfenstern gut beraten. Man bekommt sie in verschiedenen Formen und Größen – und kombinieren kann man sie außerdem.

durch Dachflächenfenster

Ist die Entscheidung für den Dachausbau gefallen, muß man zuerst für ausreichendes Tageslicht sorgen. Die praktischste Lösung ist oft ein Dachflächenfenster.

Auch wenn Sie sonst recht unerschrocken an alle Ihre Hobbyarbeiten herangehen: Einfach ein Loch ins Sparren- und Lattengefüge der Dachfläche zu schneiden, um dort ein Fenster einzubauen – wird Ihnen da nicht ein wenig mulmig?
Muß es nicht, da können wir Sie beruhigen. Denn auch bei unserem Fenstereinbau ging alles glatt. Wir hatten ein Dachflächenfenster von Velux ausgewählt, uns mit den dazugehörigen Einbauanleitungen befaßt und dann ans Werk gemacht. Das Fensterformat wurde so gewählt, daß nur ein Sparren im Bereich der Einbauöffnung durchtrennt werden mußte. Quer zwischen die benachbarten Sparren wurde oben und unten je ein Wechsel, ein Kantholz in Sparrendicke, eingezogen. Schwerlastwinkel und Drallnägel gaben Halt.

Die Dachpfannen abnehmen muß man dort, wo das Fenster eingebaut werden soll. Die Pfannen verwahren, später wieder anpassen.

Ist der Aussschnitt bestimmt, wird der mittlere Sparren herausgetrennt. Oben und unten den Wechsel zum Nachbarsparren einziehen.

Eine Hilfslatte, unten über die volle Einbauöffnung montiert, gibt der Rahmenkante beim Einsetzen von Fenster und Rahmen Halt.

Auf den Latten, die die Enden der abgesägten Dachlatten stützen, werden die Montagewinkel des Fensterrahmens angeschraubt.

Mit einem Tacker werden die überstehenden Streifen der Windschutzfolie an dem Rahmen befestigt. Folie an den Ecken einschlitzen.

Die Eindeckrahmen montieren, nachdem die Folie ringsum sicher befestigt ist. Das unterste Rahmenblech zuerst anschrauben.

Die seitlichen Eindeckbleche, oben mit einem Schaumstoffprofil versehen, auf dem später die Pfannen ruhen, folgen als nächstes.

Das Abdichten erfordert Sorgfalt

Ob Sie nun einen Wechsel einbauen müssen oder nicht, hängt natürlich von der Dimension des Fensters ab. Manchmal lassen sich auch mit schmaleren Fensterformaten, die zu zweit nebeneinander montiert oder sogar in einer Viererkombination eingesetzt werden, interessante architektonische Lösungen erzielen. Dennoch gehört zum Einbau eines Dachflächenfensters mehr, als wir es hier in wenigen Bildern und ein paar Zeilen veranschaulichen können. Das richtige Anbringen der Windschutzfolie an dem Fensterrahmen und das richtige Anpassen der Dachpfannen seien hier nur als Beispiele genannt. Wenn Sie aber die ausführlichen Montageanleitungen, die Ihnen beim Kauf eines Fensters ausgehändigt werden, sorgsam durchlesen, werden alle Fragen detailliert in Wort und Bild beantwortet. Dort ist auch beschrieben, wie Sie den Fensterflügel aus seinem Beschlag herauslösen und später wieder einsetzen können. Ihr Bauamt sollten Sie schriftlich über den Fenstereinbau verständigen.

Abdeckbleche, die an den Seiten überlappen und von oben auf den Rahmen gesteckt, dann verschraubt werden, folgen als nächstes.

Auf den Holzrahmen geschraubt *wird auch das letzte der Abdeckbleche, das obere Querstück. Die Originalschrauben verwenden!*

Die Abdeckblende, *von oben in die beiden seitlichen Profile gesteckt und verschraubt, bewirkt, daß kein Regenwasser eindringt.*

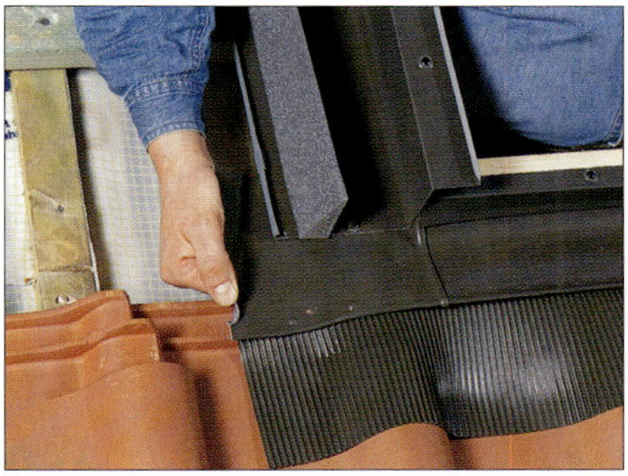

Die Bleischürze *an der Rahmenunterkante wird der Pfannenform angepaßt. Die seitlichen Bleche um mehr als 90 Grad aufkanten.*

Die alten Dachpfannen *können nun vorsichtig an ihren Bestimmungsort zurückverlegt werden. Evtl. mit der Trennscheibe anpassen.*

Das Einhängen *des Fensterflügels nehmen Sie genau nach der gut illustrierten Anleitung vor. Das Werkzeug: ein Schraubendreher.*

Sauber eingedeckt: *So trotzt Ihr neues Dachflächenfenster Wind und Wetter und bringt jede Menge Licht und Luft unters Dach.*

Der letzte Chic: das hölzerne Innenfutter

***Richtig perfekt** wirkt Ihr Dachflächenfenster, wenn es mit einer Innenverkleidung versehen ist. Wie man es macht, zeigen die Fotos unten.*

***Mit einer Stichsäge** beschneiden Sie die seitlichen Paneele oder Gipskartonplatten, nachdem die Abstände genau angerissen wurden.*

Die Paßform wird ausgelotet

Daß so ein Dachausbau nicht im Handumdrehen erledigt ist, haben Sie sich sicherlich schon gedacht. Der logische Arbeitsablauf wird in der Reihenfolge Planung, Dämmung, Fenstereinbau und Wandverkleidung vorgenommen. Der Einbau der Fensterlaibung, also der glatten Innenverkleidung, ist erst an der Reihe, wenn schon die Wandflächen mit Gipskartonplatten oder Profilholz erledigt sind. Natürlich muß der Rohfußboden schon begehbar sein – z. B. durch Trockenestrich- oder Verlegeplatten.
Die Arbeitsfotos auf dieser Seite zeigen, wie der Einbau einer Innenverkleidung erfolgt, die man passend zum Dachflächenfenster beim gleichen Hersteller bekommen kann. Die entscheidenden Hilfsmittel, nach denen die Platten passend zugeschnitten werden können, sind eine Pappschablone und ein Pendel. Auch hier gibt es eine detaillierte Bauanleitung, die zum perfekten Einbauergebnis führt. Die wichtigsten Schritte daraus haben wir hier auf acht Fotos dargestellt.

***Eine Pappschablone** vom Hersteller, in die Fensternut eingesetzt, dient zum Ermitteln der Schnittlinie. Hilfsmittel: ein Metallpendel.*

***Rechtwinklig zur Senkrechten** müssen Sie nun die Oberkante der Pappschablone markieren, dann mit einer scharfen Klinge beschneiden.*

für die Laibung des Dachflächenfensters

***Auf die Innenverkleidung** übertragen Sie die Konturen, wenn Sie die Einbauöffnung oben/ unten angepaßt haben. Dann zuschneiden.*

***Mit dem 5-mm-Bohrer** werden die Seiten der Innenverkleidung vorgebohrt, wenn sie auf Breite geschnitten sind. Dann verschrauben.*

***Mit einem Dichtungsstreifen,** zusätzlichem Dämmstoff und einer Dampfsperre werden die Vorarbeiten abgeschlossen.*

***Das Innenfutter** wird zu zweit eingesetzt, unsichtbar festgestiftet und mit den Abdeckleisten eingefaßt. Die Arbeit ist getan!*

Materialpreise zum Dachausbau: Damit können Sie rechnen!

Mineralfaser-Dämmstoff, WLG 040, 18 cm dick: je qm ca.	*ca. Euro 4,00*
Gipsbauplatten, 9,5 mm dick, 60 × 260 cm groß:	*ca. Euro 5,00*
Fußbodenverlegeplatte, Spanplatte 25 mm dick, 205 × 92,5 cm groß:	*ca. Euro 14,00*
Stahlprofile für Leichtbautrennwände, U-Ständer, 250 cm:	*ca. Euro 3,00*
Gipsverlegeplatte mit Dämmung (Wand), 60 × 260 cm:	*ca. Euro 8,50*
Dachflächenfenster Velux GPU o. Innenfutter, z. B. 78 × 118 cm:	*ca. Euro 380,00*
Heizkörper, DK, 600 × 800 cm, 1765 Watt incl. Thermostatventil:	*ca. Euro 100,00*
Fertigparkett, z. B. Eiche, 11 mm dick, versiegelt: Quadratmeter ab	*ca. Euro 40,00*
Profilholz, z. B. Fichte, endbehandelt, ein Quadratmeter ab	*ca. Euro 17,00*
Zimmertür, z. B. Fichte, endbehandelt, 86 × 198,5 cm, ohne Zarge:	*ca. Euro 150,00*

Mit diesen Dämm-

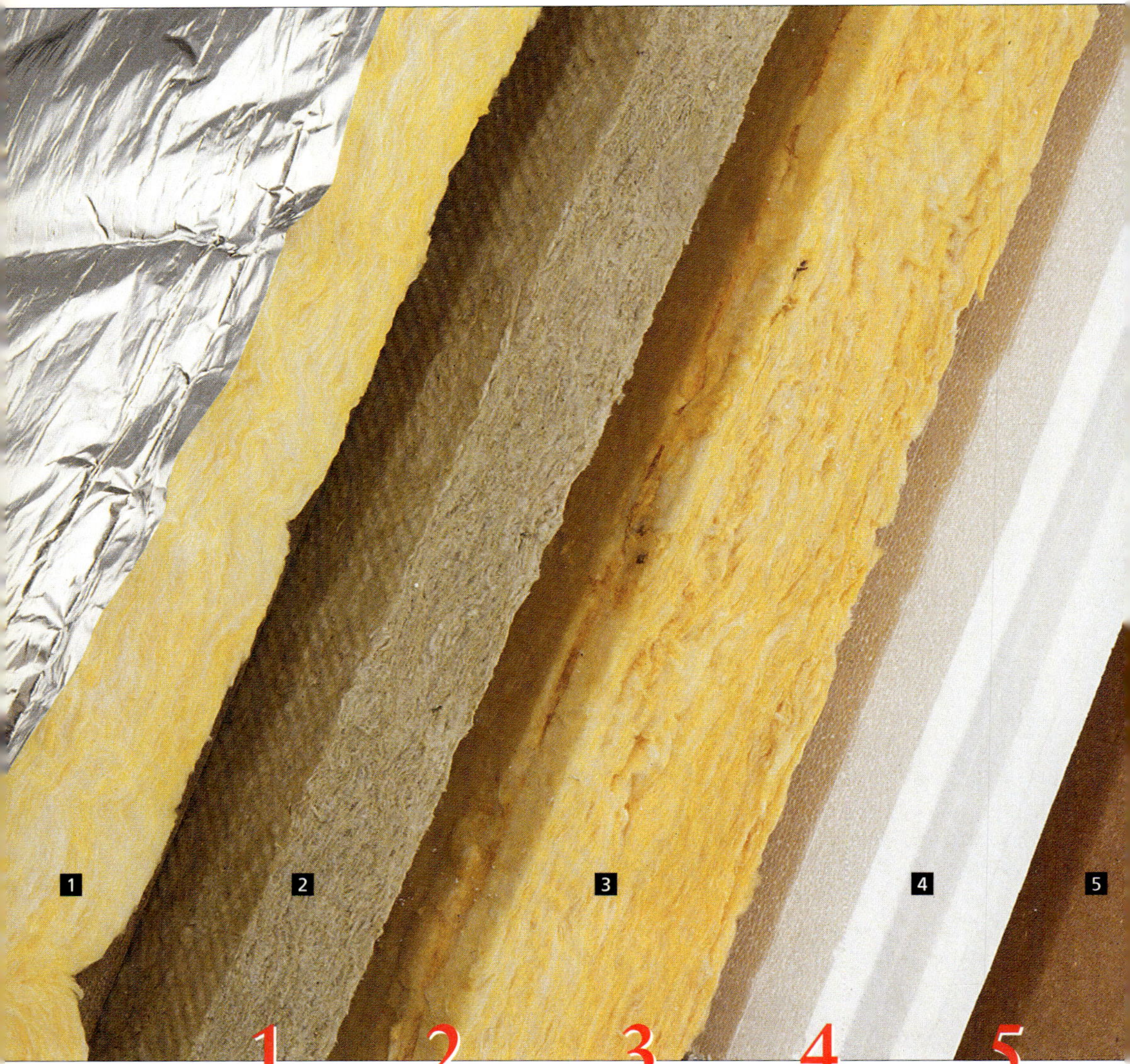

1
Mineralwolle-Dämmstoff mit Alu-Dampfsperre, Fachbezeichnung: G+H Isover-Rollisol. Verbreitetes Dämmaterial bei Altbauten.

2
Steinwolle-Dämmstoff in Keilform, Rockwool Dämmkeil 040. Material für Zwischensparren-Dämmung, kaum Verschnitt.

3
G+H Isophen-Klemmfilz, die Platte von der Rolle. Das Material wird entsprechend Sparrenzwischenraum zugeschnitten.

4
Hartschaum-Platten Styrotect S, Hersteller: Algostat GmbH. Dämmplatten mit Nut und Feder für belüftete Steildächer.

5
Holzfaserplatte Gutex Multiplex. Eine Holzweichfaser-Dämmplatte, die für Wärme und Schalldämmung verwendet wird.

stoffen sparen Sie Energie.

6 Pavatherm Wärmedämmplatte, Pavatex AG. Eine ringsum mit Nut und Feder versehene Platte für die Wärmedämmung.

7 Fermacell-Verbundplatte. Die Gipsfaserplatte, mit Hartschaum beschichtet, dient für die Innendämmung von Außenwänden.

8 Dämmplatte aus Kork, ohne Leime und Zuschlagstoffe (F. A. Henjes, Euten). Ökologisch unbedenkliches Dämmaterial.

Wer ein Dach dämmen, den Wärmeschutz der Fassade verbessern oder sonstwo am Hause Energie sparen will, sollte diese Materialien kennen.

Bevor man sich mit den praktischen Arbeiten des Dämmens beschäftigt, muß man sich erst einmal für einen der am Markt angebotenen Dämmstoffe entscheiden. Das aber kann für manchen Hausbesitzer schon zu einer Gewissensfrage werden – so unterschiedlich sind die Aussagen, die zu den einzelnen Materialien gemacht werden. Fest steht, daß Dämmstoffe aus Glas- und Steinwolle oder aus Hartschaum vom Preis-Leistungs-Verhältnis her besonders interessant erscheinen. Auch haben sie sich bereits über viele Jahre am Bau bewährt. Sie werden als leicht verarbeitbare Platten- oder Rollenware angeboten, die in allen erforderlichen Dicken verfügbar ist. Konkurrenz ist den bewährten Dämmstoffen erst in den letzten Jahren erwachsen, als immer mehr Menschen die Frage nach der ökologischen Unbedenklichkeit von Werkstoffen am Bau stellten. Kork- und Holzfaserplatten, aber auch ganz neue, weitgehend unerprobte Dämmaterialien aus nachwachsenden, natürlichen Stoffen wie Flachs oder Schafwolle erobern ihre Marktanteile. Sogar Cellulose, sprich Altpapier, wird zu Dämmstoffen verarbeitet. Wer sich nicht sofort entscheiden muß, kann vielleicht abwarten, bis auch die neuen Produkte ihre Bewährungsprobe in der Praxis bestanden haben. Letzten Endes möchte niemand Aufwand und Kosten hinnehmen, ohne zu wissen, wie lange das Dämmaterial seine Aufgabe erfüllt.

Alubeschichtete Dämmfilzrollen: die ersten Dämmstoffe, die in den Baumärkten zu finden waren. Das Material ist empfindlich, läßt wenig Spielraum beim Verarbeiten.

Uniroll-Klemmfilz ist ein Dämmaterial, das man genau auf Breite des Sparrenabstands zuschneiden kann. Es ist für die Sparrenvolldämmung gedacht, nutzt den Platz optimal.

Dämmstoffe im Wandel der Zeit

Der Mineralwolle-Wärmeschutz Rollisol-SB ist eines der ersten Dämmstoffprodukte, die speziell für den Selbermacher entwickelt wurden. Einfach, sicher, schnell – so lautete der Slogan. Im Prinzip ist das auch richtig, wenn man in seinem Dachgeschoß über gleichbleibende Sparrenabstände verfügt. Denn es gibt den Rollisol-SB-Dämmstoff in unterschiedlichen Rollenbreiten, wie sie den gebräuchlichen Sparrenabständen entsprechen. Ein Anpassen an Sondermaße hingegen ist mit diesem Material kaum möglich. Vorsicht ist auch geboten, damit die Aluminiumfolie beim Verarbeiten nicht einreißt. Stöße

Leicht zu transportieren, gut zu verarbeiten: Das sind die Vorzüge der modernen Dämmstoffe.

in der Bahnenlänge sollte man nur mit reichlicher Überlappung der Folie vornehmen und die Anschlußfugen abkleben. Wichtig bei diesem Dämmstoff ist, daß seine Außenseite gut belüftet wird.
Der Klemmfilz Uniroll (Foto links unten) ist das modernere Nachfolgeprodukt. Es wird von der Rolle auf Breite zugeschnitten und ist so flexibel, daß es mit leichtem Druck stramm zwischen die Sparren gefügt werden kann. Seine Dampfbremse, eine Folie, wird nachträglich aufgetackert. Fast ebenso gebräuchlich wie Dämmstoffe aus Glas- oder Steinwolle sind Styrotect-Hartschaumplatten. Auch sie sind für den Selbermacher leicht zu verarbeiten. Sie sind der Länge nach mit Schlitzen versehen, lassen sich in der Breite ein wenig zusammendrücken und klemmen sich so fest zwischen den Sparren ein. Das Material selbst ist wasserabweisend, muß also nicht unbedingt raumseitig mit einer Dampfbremse versehen werden. Dennoch empfiehlt es sich, zwischen Dämmung und Innenverkleidung eine Polyäthylen-Folie anzubringen, da sie für Winddichtigkeit sorgt. Die drei Beispiele stehen hier aber nur für eine ganze Reihe anderer, ebenso interessanter und sinnvoller Materialien für den Wärmeschutz. Welches Produkt in welchem Fall am sinnvollsten, praktischsten oder preiswertesten ist, muß jeder Bauherr wohl für sich entscheiden. Sinnvoll vom Gedanken des Umweltschutzes her sind sie letzten Endes alle, denn ausreichend dimensioniert und fachgerecht eingesetzt, tragen alle dazu bei, daß unsere Atmosphäre vielleicht in naher Zukunft weniger Schadstoffe zu verkraften hat, als das jetzt noch der Fall ist. Wir alle können daran mitarbeiten!

Die Styrotect-S-Platten *sorgen für eine Dämmung ohne Lücken, denn sie sind durch Nut und Feder zusammensteckbar. Eingearbeitete Schlitze machen die Platten biegsam.*

Die Dampfbremse, *genau auf den Dämmstoff abgestimmt, muß lückenlos von oben nach unten angebracht werden. Die Stöße weit überlappen lassen, ganz luftdicht abkleben.*

Richtig Dämmen: das

Bei einem Altbaudach ohne Windschutzfolie läßt sich auch nachträglich ein Windstopp vorsehen.

A und O beim Dachausbau

Wer heute sein Dach zum Wohnraum ausbauen will, sollte etwa 18 cm Dämmstoff zwischen den Sparren unterbringen.

Der preiswerteste Weg zu mehr Wohnraum ist noch immer der Ausbau des Dachgeschosses. Eine Arbeit, die auch der Hobbyhandwerker bewältigen kann – vorausgesetzt, er ist bereit, ein paar Wochenenden Freizeit dafür zu opfern. Die Fotos auf diesen und den folgenden Seiten machen mit den grundsätzlichen Arbeitsschritten vertraut. Die aber können, abhängig von den Gegebenheiten vor Ort und von der Wahl des Dämmaterials, durchaus noch ein wenig unterschiedlich ausfallen. Mehr darüber ab Seite 36.

Hartfaserplatten, mit Bitumen beschichtet und mit Trageleisten zwischen den Sparren befestigt, können als Ersatz für die Windstoppfolie moderner Steildächern dienen.

***Eine Leiste** mittig zwischen den Sparren an die Dachlatten geschraubt, zwei Leisten an die Sparren: So läßt sich die angepaßte Hartfaserplatte ganz fest einklemmen.*

***Eine Dachlatte** von 4 × 5 cm Dicke, mit langen Schrauben auf den Dachsparren befestigt, sorgt dafür, daß mehr Platz zum Unterbringen von Dämmstoff zur Verfügung steht.*

Zusätzliche Latten können helfen

Bei relativ neuen Häusern ist sie meist schon von Anfang an eingebaut, die Windstoppfolie, die – unterhalb der Dachlatten auf den Sparren befestigt – dafür sorgt, daß weder Regentropfen noch Flugschnee auf den Dachboden gelangen. Bei älteren Häusern aber fehlt sie fast immer. Stehen diese Häuser frei oder in besonders windreichen Regionen, lohnt es sich, für einen Ersatz zu sorgen. In unserem Beispiel ist das durch den Einsatz von etwa 3 mm dicken, einseitig mit Bitumen beschichteten Hartfaserplatten geschehen, die zwischen Dachpfannen und Dämmstoff eingefügt wurden. Die leichte Biegung in der Plattenmitte sorgt für eine gute Hinterlüftung und zugleich auch dafür, daß Nässe abfließen kann.

Als Dämmstoff wurde bei diesem Dachausbau das noch recht neue Steinwolleprodukt Flexi Rock von Rockwool verwendet. Es ist so beschaffen, daß es sich in der Breite um etwa 5 cm zusammendrücken und so gut zwischen den Sparren einklemmen läßt. Dicht an dicht aufeinandergestoßen, entsteht aus diesen Platten dann ein dicht schließender Dämmpelz, der die Wärme im Haus hält. Wichtig bei der Bestellung des Materials ist aber, daß man die Sparrenabstände vorher sorgfältig ausmißt und die Platten zwischen 1 und 5 cm größer bestellt, als der Sparrenabstand beträgt. Nur so sitzen sie stramm genug an ihrem Bestimmungsplatz. Ist die Dachfläche lückenlos gedämmt, muß sie anschließend mit einer Dampfbremsfolie abgedeckt werden. Bei dieser Arbeit kommt es darauf an, jede Möglichkeit für Zugluft zu unterbinden. Das gilt ganz besonders für die Anschlußfugen an Mauerwerk, Boden oder freiliegende Balken.

kommt man oft nicht herum.

Seitlich zusammendrücken *und stramm zwischen die Sparren fügen muß man die Flexi-Rock-Dämmplatten, die so den Zwischenraum lückenlos ausfüllen können.*

Um jeweils 5 cm breiter *als der Abstand zwischen den Sparren: So sollten die Flexi-Rock-Dämmplatten bestellt werden, damit man sie ebenso perfekt verarbeiten kann wie hier.*

Mit einer Dampfbremsfolie, *auf den Dämmstoff abgestimmt, muß die Fläche dicht abgeschlossen werden. An den Sparren festtackern, am Putz mit Klebeband fixieren.*

Die Stoßfugen, *an denen sich die Folienbahnen um etwa 20 cm überlappen sollten, werden zusätzlich mit Klebeband oder doppelseitigem Klebestreifen abgedichtet.*

Der ganze **Dachgiebel** wird zu einer Zug-

Glattkantbretter von 10 cm Breite, möglichst druckimprägniert, dienen als Unterschalung für die spätere Holzpaneelverkleidung. Ihr Abstand ist auf die Paneelbreite abgestimmt.

Mit Klebeband gegen Zugluft

Damit die Wärmedämmung unterm Dach richtig funktionieren kann, muß man dafür sorgen, daß es an keiner Stelle zu einem direkten Austausch von kalter Außenluft und warmer Raumluft kommen kann. Zu diesem Zweck wird der Dämmstoff von der Raumseite her mit einer Dampfbremsfolie ausgekleidet, die nur eine sehr geringe Diffusionsfähigkeit aufweist. Sämtliche Anschlußfugen sowohl an den Stößen der Folienbahnen als auch an allen Kontaktstellen zu umgebenden Baukörpern wie Mauerwerk oder Fußboden müssen absolut zugdicht abgeklebt werden. Das entsprechende Material wie z. B. doppelseitiges Klebeband bestellt man gleich beim Dämmstoffeinkauf mit.

Eingeschobene Keile aus Holz oder Metall machen es leicht, die Unterlattung mit Hilfe einer stramm gespannten Maurerschnur auf einheitliches Niveau zu bringen.

Für den Kniestock werden aufrecht stehende, auf der Oberseite abgeschrägte Bretter eingesetzt, die unten an einem auf dem Boden befestigten Brett festgeschraubt sind.

freien Zone gemacht.

Wer nachdämmen will, *weil sein Dachboden nach altem Maßstab gedämmt wurde, kann das mit den Knauf-Direktabhängern tun. Den Dämmstoff einfach darüber anheften.*

Mit einer Richtlatte *kann man kontrollieren, ob die zwischen den Laschen aufgehängten CD-Profile (Knauf) gut fluchten. Gipsfaserplatten verlangen nach einer ebenen Unterlage!*

Ist die Kontrolle beendet *und zur Zufriedenheit ausgefallen, kann man die Ecken der Direktabhänger im rechten Winkel umbiegen. Die Gipsfaserplatten unterschrauben.*

Auch für eine Unterlattung, *die oberhalb von Dämmung und Dampfbremsfolie angebracht werden soll, sind Direktabhänger verwendbar. Man schraubt sie an den Sparren fest.*

Zusätzlich dämmen:

Ob Sie die Dämmung unterm Dach ganz neu aufbauen oder eine vorhandene Wärmeisolierung verbessern wollen: Sie werden sich für einen dieser Dämmstoffe entscheiden müssen.

Material und Arbeitsweise

Der Dachboden ist schon gedämmt – aber nach einem Standard, wie er vor 20 Jahren galt? Bevor man ihn ausbaut, sollte man seine Dämmung verbessern!

Trotz aller Dämmvorsorge in den vergangenen Jahrzehnten: Wir können noch mehr Heizöl sparen und die Umwelt mit weniger Emissionen belasten, ohne daß wir auf Komfort verzichten müssen. Das gilt besonders für die Räume unter dem Dach, die oft noch gar nicht oder viel zu dünn gedämmt sind, wenn man die heutigen Erkenntnisse zugrunde legt. Die neue Wärmeschutzverordnung, seit 1. Januar 1995 in Kraft, schreibt für Neubauten auch einen sehr viel höheren Dämmaufwand vor, als er vorher gefordert war. Was aber geschieht mit den unzähligen nach veralteten Verordnungen gedämmten Dächern? Nur wer an seinem Haus größere Um- und Ausbauten vornehmen möchte, braucht dafür eine Baugenehmigung, wird folglich zum Einhalten der geltenden Vorschriften gezwungen. Bei allen anderen Ausbauvorhaben unterm Dach kann man nur darauf hoffen, daß jedem Hausbesitzer bewußt ist, was er mit einer besseren Dämmung erreicht: eine günstigere Energiebilanz nämlich.
In der Praxis stößt man allerdings oft auf ein Problem: Die Sparren sind gar nicht so dick, daß man zwischen ihnen ein paar Zentimeter mehr Dämmstoff unterbringen kann. Die Dacheindeckung zu entfernen, um darüber zu dämmen, käme zu teuer. Aber unter den Sparren zusätzlich Raum für mehr Dämmstoff schaffen, das kann jeder. Wir zeigen die richtige Anwendung bei unterschiedlichen Materialien.

1. Vorschlag: Steinwolle-Dämmkeile sind

__1__ Unterspannbahn __2__ Hinterlüftung: 3 cm __3__ Dämmkeil Rockwool 040: 10 cm __4__ Ausgleichslatten, hochkant angeschraubt __5__ Dämmkeil 040: 8 cm __6__ Dampfsperre PE-Folie: 0,2 mm

Ausgleichslatten unter den Sparren schaffen mehr Platz

Ein warmer Mantel für einen bisher ungedämmten Dachstuhl: Wie's gemacht wird, zeigt das Bildbeispiel oben. Die 16 cm tiefen und 8 cm breiten Sparren boten nicht genügend Raum für eine richtig dicke Dämmung. Deshalb wurden sie mit untergeschraubten Dachlatten aufgedoppelt. Die Folge: Jetzt ist genügend Platz für eine ausreichende Belüftung und eine Dämmschicht von 18 cm Dicke. Die wird hier von zwei übereinander verlegten Schichten Steinwolle-Dämmstoff gebildet, den Rockwool-Dämmkeilen der Wärmeleitfähigkeitsgruppe 040. Den raumseitigen Abschluß bildet eine 0,2 mm dicke PE-Folie, die als Dampfsperre eingesetzt ist. Hier muß man darauf achten, daß die Stoßfugen einander um etwa 10–15 Zentimeter überlappen und anschließend mit einem Klebestreifen sauber abgedichtet werden. Auch die Anschlüsse zu den umgebenden Raumwänden sollte man so abkleben. Wissenswert ist sicherlich, daß die Dämmkeile aus Steinwolle nicht brennbar sind; sie entsprechen der Baustoffklasse A1. Durch das Aneinanderfügen lassen sich die Keile jedem beliebigen Sparrenabstand anpassen, es entsteht kaum Verschnitt. Unser Dämmaufbau auf dieser Seite erreicht den k-Wert 0,21.

handlich und leicht einzupassen.

Das richtige Maß *bei diesem Dämmstoff: der Sparrenabstand plus 1 cm. Durch Gegeneinanderverschieben der Keile ist er leicht herzustellen. Überstehende Ecken abschneiden.*

Gegen die Sparren geschraubt *werden zwei aufrecht nebeneinander angeordnete Dachlatten. Sie schaffen den Raum für eine bessere, dickere Dämmstoffschicht.*

Eine Hinterlüftung *von zwei, besser drei Zentimetern zwischen Unterspannbahn und Dämmkeilen muß gewährleistet sein. Das maßhaltige Material erlaubt dies.*

Fest aneinanderfügen *muß man die Dämmkeile, damit sie sich stramm zwischen die Sparren fügen. Sie schließen fugendicht, wenn man dafür ein Klopfholz verwendet.*

2. Vorschlag: Sparren-Volldämmung mit

Leckagen ausschließen *ist Vorbedingung für eine gut funktionierende Dämmung. Sämtliche Pfannenanschlüsse werden deshalb mit Dachdeckermörtel sorgfältig verstrichen.*

Den Dämmstoff ausrollen *muß man, damit er mit einer Klinge passend zugeschnitten werden kann. Auch hier wird 1 cm mehr Material benötigt, als der Sparrenabstand beträgt.*

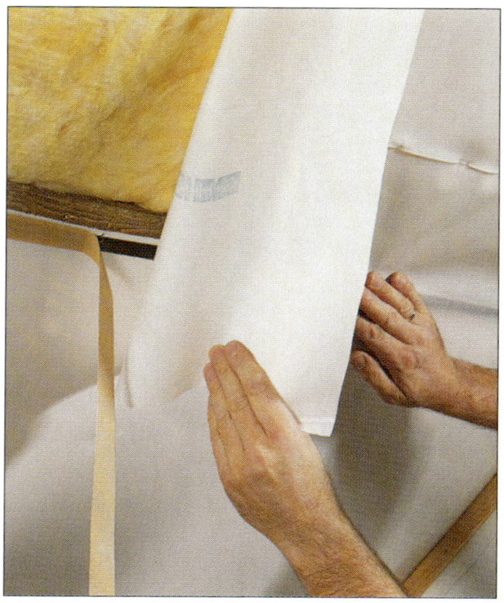

Mit einem Dichtband verklebt *und festgetackert werden die Folienstöße, wenn man beide Lagen Dämmstoff stramm zwischen die Sparren bzw. die Konterlatten gedrückt hat.*

Den ganzen Raum ausnutzen

Sparren-Volldämmung heißt diese relativ neue Dämmtechnik, weil sie den ganzen Raum zwischen den Sparren für eine dicke Dämmstoffschicht ausnutzt. Das geht aber nur mit einem speziell für diesen Zweck entwickelten Material, das keine Feuchtigkeit annehmen kann. Trotzdem sollte man die Fugen und kleinen Löcher, die die Dacheindeckung aufweist, mit einem Dachdeckermörtel abdichten. Auch wenn das Dach nicht mit einer Unterspannfolie versehen ist: Man kann für den Dämmstoff die volle Sparrentiefe ausnutzen – in unserem Beispiel 14 Zentimeter. Weil sich aber auch Gutes noch verbessern läßt, wurden hier quer zu den Sparren Dachlatten untergeschraubt, zwischen denen eine weitere Dämmstofflage Platz findet. Hierbei handelt es sich um Isover-

Glaswolle-Klemmfilz und Dämmplatten

1 *Klemmfilz G+H Isophen als Sparren-Volldämmung* ***2*** *Konterlattung, hochkant angeschraubt*
3 *Zusatzdämmung mit Isover-Fassadendämmplatten* ***4*** *Dampfbremsfolie Diffunorm*

Fassadendämmplatten von 6 cm Dicke. Das ergibt zusammen einen Dämmstoffmantel von 20 cm Dicke.
Der Isophen-Klemmfilz, die erste Dämmschicht, wird als Rollenware geliefert, die erst nach dem Öffnen der Packung ihr wahres Volumen annimmt; sie wurde vorher verdichtet. Auf der Innenseite sind Hilfslinien aufkaschiert, die das Zuschneiden auf die gewünschte Breite leichter machen. Drückt man den Klemmfilz mit beiden Händen seitlich ein wenig zusammen, läßt er sich mühelos zwischen den Sparren einfügen und klemmt sich dort fest. Die zweite Dämmlage, die Isover-Platten, sind etwas fester in der Struktur. Hier richtet man den Abstand der Dachlatten nach der Plattenbreite aus. Besonders wichtig bei dieser Anbringungsart ist es, die ganze Fläche mit der speziell auf das Material abgestimmten Dampfbremsfolie Diffunorm abzudichten. Alle 10 cm eine Tackerklammer setzen und die Stöße mit dem Fugendichtband Diffunorm D unterlegen. Eventuell an den Rändern Anpreßlatten anbringen.

Mit einer Staubschutzmaske arbeiten Sie sicherer

Ganz gleich, mit welchem Material Sie Ihre Dämmung ausführen: Beim Zuschneiden und Sägen der Platten, Filze oder Tafeln entsteht Feinstaub, der die Schleimhäute reizt. Eine Staubschutzmaske vor Mund und Nase kann die Reizungen verhindern.

3. Vorschlag: ein perfekter Wärmeschutz

1 *4 cm Hinterlüftung* ***2*** *Hartschaum-Dämmplatten Styrotect S, 10 cm dick* ***3*** *Konterlattung, aufrecht unter Sparren geschraubt* ***4*** *Hartschaumplatten, 5 cm dick, eingeklemmt*

Eine Dämmung, die ohne Dampfsperre auskommt

Einfach dämmen ist gut, doppelt dämmen ist besser: Nach diesem Motto entstand die Lösung, die auf dem großen Bild oben zu sehen ist. Damit das funktioniert, wurde auch hier eine Konterlattung unterhalb der Dachsparren angeschraubt, die den Platz für eine zweite Lage Dämmstoff schafft. Der weitere Vorteil dieser Verfahrensweise: Durch die Konterlattung und die darunter angebrachten 5 cm dicken Hartschaumplatten hat man auch die im Vergleich zum Dämmstoff leitfähigeren Dachsparren isoliert.

Die 10 cm dicken Styrotect-S-Platten, die wir zwischen den Sparren eingesetzt haben, sind eine gängige Alternative zu den Dämmaterialien aus Mineralwolle. Die Platten sind ringsum mit einem Nut- und Federprofil ausgestattet und zusätzlich der Länge nach mit Schlitzen. Das macht sie so elastisch, daß man die auf Maß zugeschnittenen Platten mühelos zwischen den Sparren einklemmen kann. Die Nut- und Federverbindung sorgt für einen winddichten Kontakt von Platte zu Platte. Styrotect-S-Platten sind wasserabweisend und schwer entflammbar. Eine Dampfsperre ist nicht nötig, wenn sie gut hinterlüftet werden. Die Dämmung in unserem Beispiel hat den k-Wert 0,22.

__Zu einer winddichten Fläche__ kann man die Styrotect-S-Platten dank der angeformten Nut- und Federprofilierung zusammenfügen. Das gilt für die Längs- wie für die Querseiten.

__Zwischen den Sparren einklemmen__ kann man die Platten dank ihrer Längsschlitze, die die Platten flexibel machen. Der Plattenrest bildet den Anfang für die nächste Dämmfläche.

__Genau auf Maß zuschneiden__ lassen sich die Hartschaumplatten mit einem Fuchsschwanz. Den feinen Schnittstaub sollte man am besten gleich mit einem Staubsauger entfernen.

__Mit einem Klopfholz,__ das in die Nut eingelegt wird, kann man die Platten stramm von oben nach unten zusammenfügen. Den seitlichen Kontakt durch Biegen der Platten herstellen.

4. Vorschlag: eine ökologische Dämm-

An Sparren und Latten geschraubte Leisten sorgen dafür, daß als erste Lage eine bituminierte Holzfaserplatte unter den Pfannen angebracht werden kann.

Pavatherm-Dämmplatten, die ringsum Nut und Feder aufweisen, schraubt man auch auf den Leisten fest. Diese Schicht wird zweilagig, also aus zwei 4-cm-Platten, aufgebracht.

Sägen oder schneiden: bei diesem Dämmstoff hat man die Wahl. Entweder ein scharfes Messer verwenden oder eine grobzahnige Säge, die ganz flach geführt werden sollte.

Vielschichtig, aber ganz Natur

Wer beim Dämmen ganz auf Natur setzt, findet in den biologisch unbedenklichen Holzweichfaserplatten ein geeignetes Material. Allerdings: So einfach wie bei den bisher vorgestellten Dämmstoffen ist der Aufbau einer Dämmung aus diesen Platten nicht. Hier muß im wahrsten Sinn des Wortes vielschichtig gearbeitet werden, was etwas mehr Mühe bereitet.
Für eine gute Hinterlüftung sorgt man mit einer biegsamen Gutex-Holzfaserplatte. Diese ist durch eine Bitumenschicht unempfindlich gegen Feuchtigkeit und wird so zwischen den Sparren eingepaßt, daß eventuell eindringende Nässe nach unten abgeleitet wird. Dafür muß eine dickere Leiste in der Mitte des Sparrenfeldes unter die Dachlatten geschraubt werden, und zwei dünnere Leisten kom-

__1__ Unterlattung __2__ Holzfaserplatte, bituminiert __3__ Pavatex-Dämmplatten, 8 cm dick __4__ Pavatherm-Platte, 2 cm dick __5__ Sparschalung, 2 cm dick __6__ Dampfbremspappe __7__ Gutex-Ausbauplatte, 1,8 cm

men links und rechts an die Sparren. Zwei weitere dünne Leisten, außen unter die bituminierte Platte geschraubt, gleichen die Wölbung aus und dienen zugleich als Auflage für die erste Plattenlage, die aus 4 cm dicken Pavatherm-Dämmplatten besteht. Auch sie werden mit den Leisten verschraubt und von einer weiteren, ebenfalls 4 cm dicken Pavatherm-Platte so überdeckt, daß die Stöße versetzt zueinander liegen. Auch wenn diese Platten ringsum mit Nut und Feder versehen sind: Die Möglichkeit, daß dennoch eine Undichtigkeit entsteht, wird so verhindert. Eine weitere, 2 cm dicke Pavatherm-Platte schließt den Dämmaufbau zwischen den Sparren ab. Quer über den Sparren wird anschließend eine Sparschalung aus 2 cm dicken, 4 cm breiten Leisten angeschraubt, deren Abstände sich nach dem halbierten Plattenmaß richten. Das Anbringen einer Dampfbremse, die in diesem Fall aus einer speziellen, reißfesten Pappe besteht, ist der nächste Arbeitsgang. Die Pappe vollflächig ausrollen, auf der Sparschalung antackern und an den Stoßstellen gut überlappen lassen. Die letzte Schicht dieses Dämmaufbaus, eine 1,8 cm dicke Gutex-Ausbauplatte, die ebenfalls aus Holzfasern hergestellt wird, bildet den Abschluß zum Innenraum hin. Auch hier ist mit einer Nut- und Federverbindung für Dichtigkeit gesorgt. Nur die Schraubenköpfe muß man versenken und anschließend zuspachteln. Wer mag, kann die Fläche tapezieren oder anstreichen. Übrigens: Trotz der fünf Schichten erreicht diese Dämmung nur den k-Wert 0,31.

Die Giebelwand: oft

Nur wenige Verbundplatten aus Hartschaum und Gipskarton sind nötig, um eine Giebelwand schnell und fachgerecht zu dämmen.

Stiefkind bei der Dämmung

Auch wenn man beim Dämmen des Daches nicht an Material gespart hat: Solange der Giebel ungedämmt bleibt, geht teure Heizenergie verloren.

Es passiert häufiger, als man es vielleicht vermutet: Da werden beim Dämmen des Dachstuhls weder Kosten noch Mühen gescheut, damit alles für eine zeitgemäße Wärmedämmung getan ist. Aber an das Giebelmauerwerk, das aus nur einer Steinschicht besteht, denkt keiner. Was Wunder, wenn diese Wand später trotz aller gutgemeinter Dämmung ringsum Kälte ausstrahlt!
Wer sich dieser Tatsache bewußt ist, wird den Fehler nicht begehen und auch hier die richtige Dämmung einplanen. Die einfachste Art des Wärmeschutzes ist, die Wand mit den sogenannten Verbundplatten zu verkleiden: einer Gipskartonplatte, deren Rückseite gleich mit einer Dämmstoffschicht ausgestattet ist.
Wie einfach das Verarbeiten dieses überaus praktischen Baumaterials ist, haben wir in den Arbeitsfotos auf der folgenden Seite dargestellt. Es wird nämlich nur mit einem speziellen Klebemörtel, der in Batzen auf die Plattenrückseite aufgetragen wird, gegen das Mauerwerk geheftet und dort – Platte für Platte – zu einer planebenen Fläche ausgerichtet.
Bevor das jedoch geschehen kann, sollte man die Giebelwand gründlich mit der Drahtbürste von lose sitzenden Putzresten befreien und auch lose Steinecken abschlagen. Unebenheiten auf der Giebelinnenseite nämlich machen gar nichts aus: Die Verbundplatten machen später alles zu einer glatten, makellosen Fläche.

***Mit 20 mm Polystyrolschaum** sind die Knauf-Verbundplatten, 90 × 125 cm groß, Handelsname Top 2000 Super, beschichtet. Das ist eine zusätzliche Dämmschicht für massive Mauern.*

***Auf die Schrägen zuschneiden** muß man alle Platten, die direkt an die Unterlattung auf den Dachsparren anstoßen. Gesägt wird mit der Stichsäge entlang einer Führungsschiene.*

Unebenheiten: kein Problem

Gleich zwei Fliegen mit einer Klappe kann man schlagen, wenn man für die zusätzliche Wärmedämmung der Giebelwand zu Verbundplatten greift. Denn einmal bereitet dieses Material auch für den Hobbyhandwerker keine Verarbeitungsprobleme. Zum anderen erhält man eine Wärmedämmung und eine glatte, planebene Wandfläche in einem Arbeitsgang. Schneller und wirtschaftlicher geht diese Arbeit wirklich nicht!
Mit einer Größe von 90 × 125 cm sind die Knauf-Verbundplatten, mit denen wir hier gearbeitet haben, handlich genug, daß man sie auch eine enge Bodentreppe hinauftragen kann. Auf der anderen Seite hat man mit dieser Plattengröße ganz schnell eine komplette Giebelwand gedämmt. Bevor man allerdings mit der Arbeit beginnt, sollte man die Platten sauber und ordentlich auf ebenem Boden auf Lagerhölzern ablegen. So kann sich selbst bei einer längeren Lagerzeit nichts verziehen. Zuschneiden kann man das Material mit einer Stichsäge, die man an einer längeren Stahlschiene führt, damit eine gerade Schnittlinie zustande kommt. Zeigen sich dennoch Unebenheiten, helfen ein paar Stöße mit dem Surformhobel, um sie zu glätten oder um eine bessere Paßform zu erreichen. Der Ansetzmörtel, mit dem man die Platten mit der Wand verbindet, besitzt eine ausgezeichnete Haftfähigkeit. Die dick aufgetragenen Batzen ermöglichen es auch, Unebenheiten im Mauerwerk zu überbrücken. Allerdings: Losen Putz oder Verunreinigungen sollte man vorher beseitigen, damit der Mörtel gut fassen kann. Ist die Fläche fertig verlegt, sind die Fugen gespachtelt und durchgetrocknet, kann man bereits tapezieren.

Pastös angemischt *wird der Perlfix-Ansetzmörtel, den man auf die Kanten der Plattenrückseite in Streifen, in der Mitte in Batzen auftragen muß. Nicht mit Material sparen!*

Mit einer Wasserwaage *und einem Klopfholz richtet man Platte für Platte plan auf der Giebelmauer aus. Stets darauf achten, die Plattenstöße versetzt zueinander anzuordnen.*

Auch die Fensterlaibung *wird mit einigen auf Maß zugeschnittenen Plattenstreifen und ein paar Batzen Ansetzmörtel eingekleidet. So ist ringsum alles gut gedämmt.*

Die Plattenfugen *werden mit Uniflott-Spachtel überarbeitet, wenn der Ansetzmörtel ausgehärtet ist. Die Spachtelmasse nach dem Anmischen etwa 30 Minuten quellen lassen.*

Dachverkleidung mit Gips-

So schafft man ebene Wandflächen aus kleinen Platten

Wenn man besonders schnell und einfach vom frisch gedämmten Dach zur planebenen, sauberen und glatten Wandfläche kommen will, dann liegt die Entscheidung für die handlichen, 12,5 mm dicken Gipskartonplatten nahe. 90 × 125 cm groß und rund 11 kg schwer, kann man die Platten auch allein noch recht gut handhaben. Und auch die zahllosen Winkel, Schrägen oder Anschlußstellen an Giebelwand oder Kniestock können nicht schrecken, weil man die Platten ohne große Mühe auf jedes beliebige Maß zuschneiden kann. Als Werkzeug gut geeignet ist dafür ein sogenannter Cutter, ein scharfes Messer mit auswechselbarer Klinge. Die Plattenoberkante wird damit nach Anriß und mit Hilfe einer Richtschiene ein paar Millimeter tief angeritzt, dann läßt sie sich leicht über einer untergelegten Leiste abknicken. Sind die Kanten nicht sauber genug, werden sie mit einem Surformhobel nachbearbeitet. Absolut eben muß die Kante ohnehin nicht sein: Beim Verschrauben auf einer hölzernen Unterlattung oder auf den CD-Profilen sollte nämlich eine etwa 1 cm breite Fuge eingehalten werden, die man anschließend mit einem Füllspachtel einebnet. Auch die leicht angesenkten Schraubenköpfe muß man zuspachteln, die Spachtelstellen nach dem Trocknen fein nachschleifen. Ist das geschehen, kann man die Plattenoberfläche entweder überstreichen, tapezieren oder verputzen.

karton: glatt und schier

Fertig isolierte Dachflächen, *mit CD-Profilen und Direktabhängern ausgestattet, kann man schnell mit Profibauplatten verkleiden. Platte in Position bringen, mit Schrauben fixieren.*

Mit versetzten Stößen *werden die folgenden Platten an den CD-Profilen befestigt. Die Profibauplatte dafür halbieren, dann auf jedem CD-Profil in kurzen Abständen festschrauben.*

Das Zuschneiden der Gipskartonplatten *gelingt mit einem scharfen Klingenmesser am besten. Die Klinge an einer geraden Metallschiene führen, die Platte einritzen.*

Das Abknicken *ist einfach, wenn man eine dickere Leiste unterlegt oder die vorgeritzte Platte zum Rand des Plattenstapels vorzieht. Bruchkante mit dem Surformhobel glätten.*

Auf diesen Stufen

Schön, stabil und sicher: drei Eigenschaften, die für so eine Minigeschoßtreppe sprechen. Die Stufen und die Geländerstäbe sind aus massivem Holz.

geht man sicher nach oben.

Wenn es um den bequemen Zugang zum Dachgeschoß geht, fällt die Wahl der Bauherren meistens auf eine gerade, einläufige Geschoßtreppe.

Treppen zählen im Haus oder in einer Wohnung zu den sogenannten Verkehrswegen. Deshalb unterliegen sie strengen Normen und Vorschriften. Dazu gehören das Steigungsverhältnis, das sich aus der Stufentiefe, der Stufenhöhe und der Treppenneigung ergibt, aber auch die Breite der Treppe und die Mindestdurchgangshöhe.
Treppen in Wohngebäuden mit mehr als zwei Geschossen müssen mindestens 100 cm breit sein, bei bis zu zwei Geschossen sind es 90 cm, und innerhalb von Einfamilienhäusern sind 80 cm vorgeschrieben. Diese Maße gelten aber nur für Haupttreppen, die als Zugang zu ständig bewohnten Räumen dienen. Befinden sich im Dachgeschoß Räume, die nur gelegentlich genutzt werden, reichen einfache Nebentreppen aus. Und die unterliegen nicht so strengen Normen.
Die Nebentreppe, die wir hier abgebildet haben, stammt aus einem Bausatzangebot. Es handelt sich dabei um eine sogenannte Mittelholmtreppe, bei der die einzelnen Stufen nur jeweils einen Auflagepunkt haben. Der Mittelholm besteht aus Stahlrohrelementen, die ineinandergesteckt und oben und unten mit Montageplatten fest mit Boden und Deckenbalken verbunden werden. Auf halber Höhe gibt es noch eine Wandbefestigung, die optisch nicht stört. Aber auch Wangentreppen und Spindeltreppen sind in einigen Baumärkten als montagefertige Bausätze zu bekommen.

Nach dem Auspacken der Bausatztreppe erst einmal nachzählen, ob alle Einzelteile, die auf der Packliste stehen, auch vorhanden sind. Material nach Baugruppen sortieren.

Beim Montieren arbeitet man von oben nach unten. Das oberste Stufenelement mit Abschlußkonsole an die Stirnseite der Treppenöffnung dübeln und schrauben.

Das Treppenrückgrat: **Rohrelemente,**

Rohrelement *für Rohrelement wird so zusammengesteckt und verschraubt. Alles muß genau fluchten. Das gelingt mit einer Richtschnur oder einem geraden Richtscheit.*

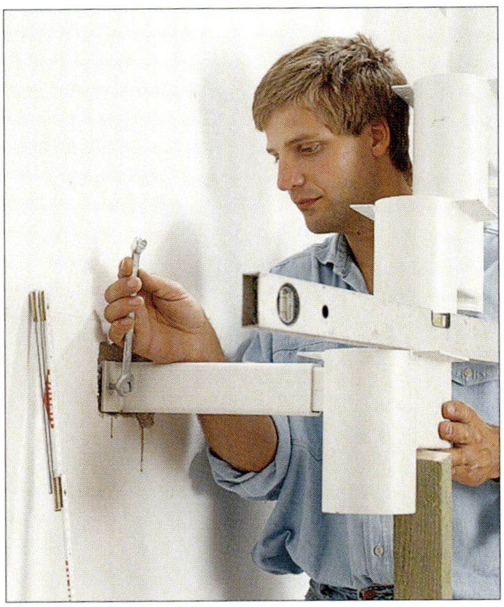

Die Wandbefestigung *wird auf halber Treppenhöhe vorgenommen. Die Halterung provisorisch aufstecken, die Elemente ausrichten, dann mit einer Hilfslatte unten abstützen.*

Bausatz: komplett von A bis Z

Bevor man das Material für einen Treppenbausatz erwirbt oder bestellt, ist gründliches Maßnehmen angesagt. Die Bezugshöhen sind jeweils die Höhe des Fertigfußbodens im Untergeschoß und die im Dachgeschoß. Fertigfußboden heißt: einschließlich des gewählten Bodenbelags – und da gibt es zwischen Teppichboden und/oder z. B. einem Holzfußboden mit massiven Dielen oder einem Fertigparkett schon gravierende Unterschiede, die sich bei den meisten Bausystemen nachträglich kaum noch ausgleichen lassen.
Die von uns gewählte Mittelholmtreppe, deren tragendes Bauteil aus einer stufenweise abgetreppten schiefen Ebene besteht, wirkt wie eine frei tragende Treppe. Die einzelnen ineinandersteckbaren Rohrelemente geben der Konstruktion einen sicheren Halt, sobald sie fest miteinander verbunden sind. Die Stufen, in unserem Beispiel nur ganze 62 cm breit, werden von unten auf den Plattformen der Rohrelemente festgeschraubt. Und lediglich auf halber Höhe der Treppe muß noch einmal eine Wandbefestigung erfolgen, für die es einen soliden stählernen Stützarm mit Anschraubplatte gibt.
Unser Treppenbausatz enthielt neben den Stahlelementen 14 hölzerne Stufen von 19,5 cm Tiefe und 3,5 cm Dicke, alle in massiver, endbehandelter Buche. Wer mag, kann die Trittstufen aber auch unbehandelt bekommen und sie in einem Farbton eigener Wahl streichen bzw. eine Lasur oder ein Wachs als Oberflächenschutz auftragen. So wäre auch eine harmonische Abstimmung auf einen in der Einrichtung dominierenden Farbton möglich. Das trägt zu einer schönen und ruhigen Wohnatmosphäre bei.

Die Wandbefestigung *wird auf halber Treppenhöhe vorgenommen. Die Halterung provisorisch aufstecken, die Elemente ausrichten, dann mit einer Hilfslatte unten abstützen.*

Die Abstände der Stufenlager *werden noch einmal kontrolliert und – falls Unterschiede vorhanden – erneut gelöst und nachträglich korrigiert.*

Bewegliche Treppen sind immer ein Provisorium

Wer neuen Wohnraum unterm Dach schaffen will, sollte sich vor dem Gedanken hüten, den Zugang mit Hilfe einer beweglichen, also ausklappbaren Treppe herzustellen.
Solche Klapptreppen, die von unten unsichtbar hinter der Bodenluke verborgen sind (wir haben einige Modelle auf der Seite 64 abgebildet und beschrieben), sollte man wirklich nur für Stauräume im Dach- oder Spitzboden verwenden.
Schon die Verwendung der Minigeschoßtreppe, deren Aufbau wir hier zeigen, ist eigentlich eine Kompromißlösung. Wo immer etwas mehr Platz vorhanden ist, sollte man aus Sicherheitsgründen wenigstens eine Stufenbreite von 75 cm wählen.

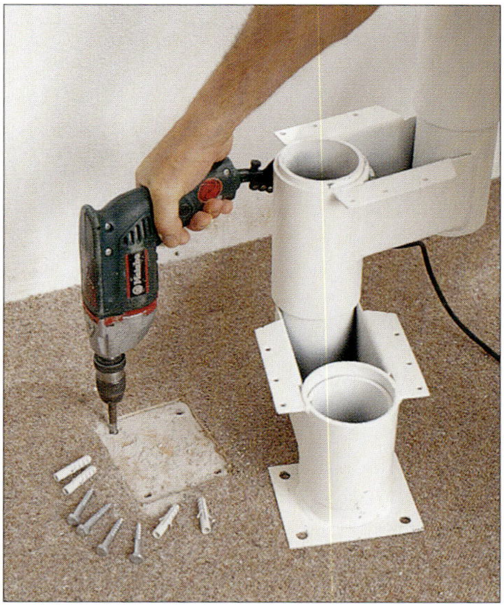

Die Position *der Bodenplatte kann nun markiert werden. Dann die Konsole verdrehen, die Dübellöcher bohren. Anschließend alles in der endgültigen Position festschrauben.*

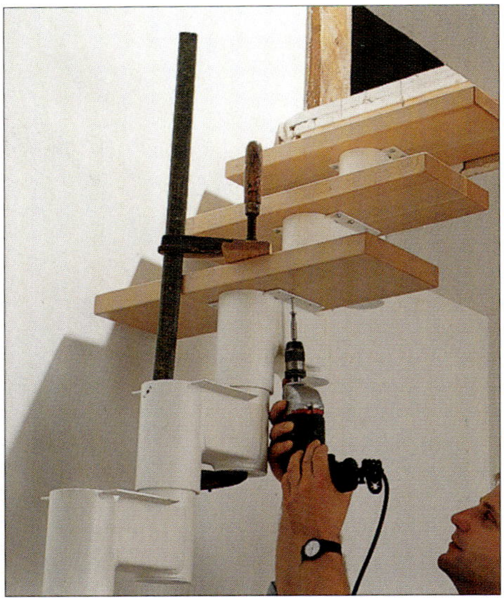

Die oberste Stufe *wird auf der Konsole ausgerichtet. Schraubenlöcher vorbohren, dann die Stufe von unten verschrauben. Jede neue Stufe (per Zwinge fixiert) ebenfalls anschrauben.*

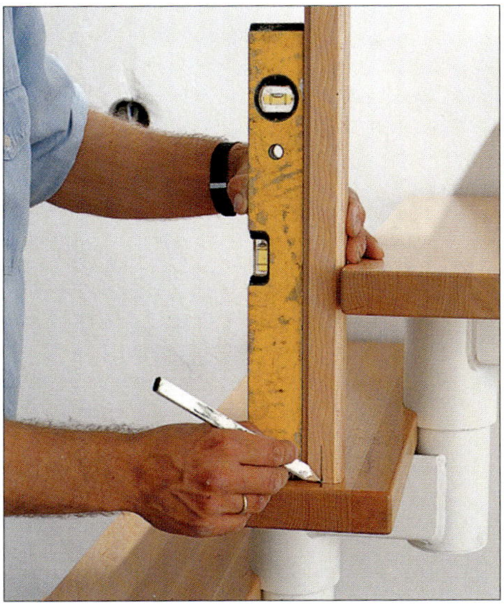

Die Positionen *der Geländerstäbe werden auf den Stufenoberseiten und den Vorderkanten markiert. Dann bohrt man sie für die Befestigung mit den Spezialschrauben vor.*

Steigungsverhältnis: Was ist das?

Bei allen Treppen sollten der Auftritt und die Steigung im „richtigen" Verhältnis zueinander stehen. Festgelegt wurde dieses richtige Verhältnis durch das Maß der Schrittlänge eines durchschnittlich großen erwachsenen Menschen; sie liegt bei 63 cm. Zudem wurde berücksichtigt, daß das Steigen doppelt so schwer fällt wie das Gehen auf ebener Fläche. Aus allen diesen Beobachtungen hat man die Regel abgeleitet, daß zweimal Steigung und einmal Auftritt zusammen rund 63 cm ergeben müssen. Daraus resultiert auch, daß der Auftritt schmaler werden muß, je höher die Stufen werden. Als günstigste Normalsteigung gilt ein Steigungsverhältnis von 17 zu 29.

Sie wünschen sich mehr Informationen über Treppen?

Die hier genannten Firmen sind Spezialisten aus den Bereichen Treppenbau und Bausatztreppen. Hier können Sie Unterlagen anfordern.

- *Baveg Treppen GmbH, Geretsrieder Str. 12, 81379 München, Telefon 089/78 40 41.*
- *Columbus Treppen GmbH, Gutenbergstr. 21–23, 86356 Neusäß b. Augsburg, Telefon 0821/46 05 10.*
- *Gebr. Dolle GmbH, Rockwinkeler Landstr. 117, 38325 Bremen, Telefon 0421/42 79 90.*
- *Henke Treppenwerke, Am Hafen 3, 32312 Lübbeke, Telefon 05741/9 00 40.*
- *Herwert-Treppen, Itagstr. 24, 29221 Celle, Telefon 05141/78 13.*
- *H & S Treppen, Patersteege 15, 46466 Emmerich, Tel. 02822/1 08 34.*

Das Befestigen *geschieht von unten durch die Trittstufe hindurch und von vorn in die Vorderkante der darüberliegenden Trittstufe. Die Schrauben mit dem Inbusschlüssel anziehen.*

Auf die Enden *der abgeschrägten Geländerstäbe werden Blechlaschen geschraubt, die vorn ein gutes Stück überstehen. Der Handlauf wird von unten daran festgeschraubt.*

Von oben auflegen *kann man den Handlauf, dessen Unterseite mit einer breiten Nut versehen ist. Kontrollieren, ob alle Stäbe senkrecht stehen, dann den Handlauf anschrauben.*

Für das Brüstungsgeländer *wird eine Sockelleiste mitgeliefert, die mit Gewindemuffen versehen ist. Man dübelt sie am Boden fest und dreht die Gewindeenden der Stäbe ein.*

Als Bausatz: die Spindel-

Mit schönem Schwung verbindet die Spindeltreppe hier Obergeschoß und Galerie. Doch auch als normale Treppe zur Dachwohnung eignet sie sich bestens.

treppe fürs Dachgeschoß

Hergestellt wird sie nach Ihren Wünschen, geliefert als kompletter Bausatz: die stählerne Spindeltreppe, deren Stufen von der Mittelsäule getragen werden.

Wenn der Raum zum Einbauen einer festen, geradläufigen Treppe vom Erdgeschoß zum ausbaufähigen Dachgeschoß nicht ausreicht oder wenn dadurch einfach zuviel Stellfläche verlorengehen würde, muß man über andere Möglichkeiten nachsinnen. Eine der schönsten Alternativen ist der Einbau einer Spindeltreppe. Wie das vor sich geht, zeigen die verschiedenen Arbeitsfotos, mit denen der komplette Aufbau begleitet wurde.

Vor dem Montieren der Mittelsäule und der einzelnen Stufen liegt jedoch eine Zeit der Planung und der Vorbereitung. Am besten, man holt sich einen Vertreter der Herstellerfirma (z. B. Baveg, 81452 München) ins Haus, noch bevor mit dem Ausbau des Dachgeschosses begonnen wurde. Der sollte nämlich selbst das Aufmaß machen und mit dem Bauherrn festlegen, wo genau die Treppe stehen muß, damit es nicht später zu Komplikationen kommt. Wichtig ist das Maß zwischen Oberkante Fertigfußboden im Erdgeschoß und Oberkante Fertigfußboden unterm Dach.

Der kleinste mögliche Durchmesser einer sehr engen Spindeltreppe liegt bei etwa 110 cm. Weil das Begehen aber eher beschwerlich ist, sollte man den nur in Ausnahmefällen wählen. Normal begehbar sind Treppen mit 140 bis 160 cm Durchmesser. Wer aber sperrige Gegenstände oder Möbel über so eine Treppe in den Raum unter den Dachgiebel (Forts. S. 60)

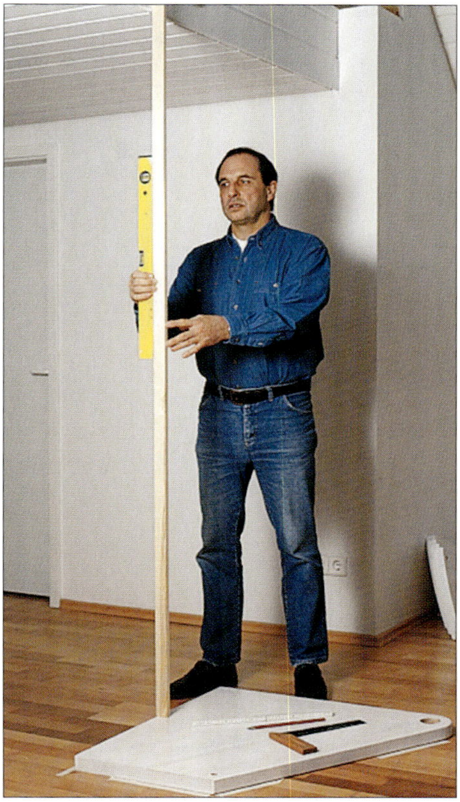

Mit Wasserwaage und Richtscheit *markiert man die Position des Treppenausschnitts oben und des Spindelmittelpunkts auf dem Boden.*

Die Fußplatte *der Spindel wird mit Dübeln und Schrauben auf dem tragfähigen Boden fixiert. Eine Gummiplatte vermindert Schall.*

***Mit einer Blende** wird die Fußplatte abgedeckt. Nun im Wechsel Stufen und Konsolen von oben auf die Spindel schieben.*

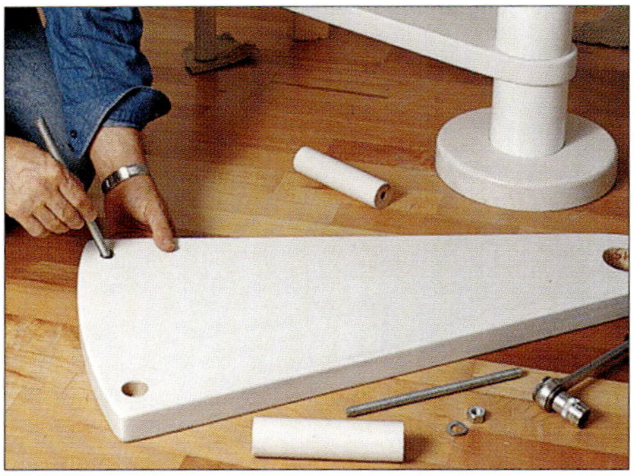

***Die Außenseiten der Stufen** versieht man mit den Abstandshaltern, deren Maß genau der Höhe der Mittelkonsole entsprechen muß.*

***Mit Gewindeschrauben** werden die Abstandshalter von unten fest verschraubt. Von oben setzt man dort die Geländerstaketten ein.*

Beim Material haben Sie die Wahl

transportieren möchte, der wählt besser einen Durchmesser von 210 cm. Dieser entspricht auch den baurechtlich geforderten Dimensionen nach DIN 18065 für Ein- und Zweifamilienhäuser.
Charakteristisches Merkmal von Spindeltreppen ist, daß die einzelnen Stufen von einer kräftigen Mittelsäule getragen werden. Baumaterial für solche Treppen sind Holz und Stahl, woraus sich viele Möglichkeiten ergeben, eine Spindeltreppe harmonisch auf die übrige Gestaltung des Raums abzustimmen. Ob die Treppe dann zu einem sehr technisch anmutenden Funktionsteil gerät oder – durch die sorgsame Auswahl passender Hölzer – eher den Charakter eines Einbaumöbels bekommt, hat der Bauherr letzten Endes selbst in der Hand.
Sehr beliebt für den Selbsteinbau sind Treppen, bei denen Stahl und Holz miteinander verbunden sind. Die tragenden Teile wie die Spindel, die Stufenlager und das Geländer sind meist aus Stahl, die Trittstufen aus Holz gefertigt. Das Angebot an strapazierfähigen Stufen reicht von Ahorn über Esche, Buche und Mahagoni bis hin zur Eiche. Ob sie fertig lackiert oder fein geschliffen zur Selbstbearbeitung mit Beize oder Wachs gewünscht werden – alles ist hier möglich.
Wer sich entschließt, die Spindeltreppe als Bausatz zu beziehen, sollte allerdings über handwerkliche Erfahrungen verfügen und zum Aufstellen einen Helfer haben. Besondere Werkzeuge braucht man nicht, und die Einbauanleitung, die mitgeliefert wird, ist verständlich. Auf eins muß man achtgeben: Soll die Treppe auf einer Holzbalkendecke stehen, muß das Spindellager auf einem tragfähigen Balken fixiert werden.

Element der kompletten Spindeltreppe.

Mit Hilfslatten stützt man jede zweite Stufe provisorisch ab, wenn man die einzelnen Segmente des Geländers ansetzt.

Das obere Podest bildet den Abschluß der Spindel. Kräftige Haltewinkel verbinden es mit den tragenden Teilen der Geschoßdecke.

Eine Spannmutter hält die auf die Spindel geschobenen Bauteile fest zusammen. Darüber die Spindelverlängerung schieben.

Das Treppengeländer und das Geländer der Galerie werden miteinander verschraubt. Die Füße werden fest auf den Boden montiert.

Die Spindelverlängerung verleiht dem Geländer Stabilität. Zusätzlich wird es an den Seiten fest an die Dachschräge angedübelt.

Das Beizen oder Lackieren der Stufen, die nicht endbehandelt sind, muß natürlich erfolgen, bevor alles zusammenmontiert wird.

Bodentreppen, die

Die elegante Spindeltreppe *mit Edelstahlgeländer und Buchenholzstufen ist viel zu schade, um nur als Bodentreppe genutzt zu werden. Sie ziert auch einen Wohnraum.*

Die Raumspartreppe *macht sich dort nützlich, wo nur ein ganz schmaler Zugang zum Dachgeschoß möglich ist. Diese besitzt einen Stahlmittelholm, ist oben ein Viertel gewendelt.*

Mit Sambastufen *beansprucht dieses Sondermodell einer Raumspartreppe nur wenig Bodenfläche. Die Unterkonstruktion ist aus Stahl, Stufen und Geländer sind aus Buche.*

wenig Platz beanspruchen

Die Treppe zum Boden kann fest eingebaut oder beweglich sein. Die hier vorgestellten Modelle ermöglichen einen sicheren Zugang zum Spitzboden.

Soll der Zugang zum Spitzboden oder zur Abstellkammer auf dem Dach sicher, bequem und ohne großen Platzbedarf gelöst werden, so bieten sich auch für diesen Bedarf Standardfertigtreppen an. Hier muß man sich zwischen zwei grundlegenden Arten entscheiden: den fest eingebauten, die ständig ihre Stellfläche beanspruchen, und den beweglichen, die sich wegklappen bzw. in den Dachboden hineinfalten lassen. Bei diesen Modellen ist eine Stellfläche im Raum darunter nur dann erforderlich, wenn die Treppen benutzt werden.
Bleibt also zu entscheiden, wie oft das der Fall sein mag und mit welchem der beiden Grundtypen man dann besser bedient ist. Teurer, weil technisch und handwerklich aufwendiger, sind die fest eingebauten Modelle, von denen hier eine kleine Auswahl abgebildet ist. Sie stören aber nicht einmal in einem Wohnraum, der ständig bewohnt wird, weil sie zumeist sehr formschön gestaltet und aus Materialien mit wohnlichem Charakter gefertigt sind. Bodentreppen, die nur sichtbar werden, wenn man sie benutzen will, kann man noch einmal in drei Kategorien unterteilen. Die erste Gruppe, die einfachen Klapptreppen, sind meist komplett mit Klapplukenkasten aus Tischlerplatte gefertigt. Die Klappluke, durch Federzug verschlossen, läßt sich mit einem Haken öffnen, die dreiteilige Treppe kann man dann mühelos ausklappen.

Viel wuchtiger als eine Spindeltreppe mit Stahlspindel wirkt dieses Modell, das ganz in Holz gefertigt ist. Die Zwischenräume des Geländers sind mit Plexiglas abgedeckt, so daß ein Hindurchrutschen nicht möglich ist.

Das Bild unten zeigt eine Sambatreppe mit Schmetterlingsstufen, die auch mit einem und zwei Viertel Wendel zu haben ist. Guter Zugang bei geringem Platzbedarf.

Die Mechanik: klappen, schieben, falten

***Diese dreiteilige Holztreppe** gehört zu den verbreitetsten Modellen. Die Mechanik erfordert nur beim Öffnen etwas Kraft, weil man gegen den Federzug anwirken muß.*

Mehr Platz bringt mehr Komfort

Die zweiteiligen Einschubtreppen wirken beim Betreten aufgrund ihrer Konstruktion etwas stabiler als die dreiteiligen. Dafür beanspruchen sie mehr Schwenkraum auf dem Boden, der nicht anderweitig genutzt werden kann; der längere, untere Treppenteil erfordert ihn. Den größten Tritt- und Bedienkomfort unter den drei „unsichtbaren" Bodentreppen bietet ohne Zweifel eine solide Scherentreppe. Für sie wird kein zusätzlicher Schwenkraum benötigt, und die Trittstufen sind verhältnismäßig breit und stehen stets waagerecht. Außerdem sind sie gegen Verdrehen gesichert. Scherentreppen lassen sich auch in Wandöffnungen einbauen und mit Türen kombinieren.

***Bei den zweiteiligen Einschubtreppen** wird der untere, längere Teil der Treppe über den oberen auf den Lukendeckel geschoben. Einfache Bedienung, wenig Kraftaufwand nötig.*

***Diese Scherentreppe** aus Aludruckguß bietet mehr Komfort als die beiden vorher gezeigten Modelle. Der Handlauf benötigt keinen Schwenkraum, der Deckel ist gedämmt.*

Trittfest und eben: Fuß

Der neue Teppichboden macht den Raum behaglich – doch ohne einen tragfähigen, ganz ebenen Unterboden wird man wenig Freude an ihm haben.

böden im Trockenausbau

Bevor im Zimmer unterm Dach ein Teppich verlegt werden kann, muß eine ebene Grundlage geschaffen werden – z. B. mit Span- oder Trockenestrichplatten.

Für eine Abstellkammer oder den Trockenboden reichten die alten Bodendielen allemal aus. Doch die einfachen Nut- und Federbretter mit ihren Astlöchern, Rissen und breiten Fugen als endgültigen Fußboden für einen neuen Wohnraum zu betrachten, daran sollte im Ernst niemand denken. Sie taugen bestenfalls als Untergrund für einen Boden aus Fußbodenverlege- oder Trockenestrichplatten – selbst wenn darauf wieder ein Holzfußboden liegen soll. Aber nicht nur die meist geringe Qualität der Dielen ist ausschlaggebend für einen neuen Bodenaufbau. Was fehlt (und in einem selten benutzten Raum auch keine Rolle spielt), ist jegliche Luft- und Trittschalldämmung. Die Folge: Alles, was im Dachgeschoß geschieht, ist in der Etage darunter ganz genau zu hören.

Nachträglich einen neuen Estrich zu gießen ist recht aufwendig und dank moderner Baumaterialien auch gar nicht mehr nötig. Einfacher geht es nämlich durch die Verwendung von Trockenestrichplatten aus Gipsfasern oder speziellen Fußbodenverlegeplatten auf Spanplattenbasis. Mit ihnen schafft man mühelos einen ebenen, festen und gut gedämmten Untergrund für den späteren Bodenbelag. Damit das richtig funktioniert, dürfen die Bodenplatten keinen direkten Kontakt zum alten Fußboden oder anderen konstruktiven Bauteilen des Hauses haben. Der neue Boden muß „schwimmen“!

Eine dünne Lage **Dämmstoff** bewirkt den

Filzstreifen, *an allen umgebenden Bauteilen festgetackert, verhindern eine Übertragung des Trittschalls vom Boden auf die Wände.*

Polystyrolplatten *von 2 cm Dicke dienen als Unterlage für die Estrichplatten und gleichen leichte Unebenheiten des Bodens aus.*

Die Trockenestrichelemente *(Knauf F 145) werden mit Fugenversatz darauf ausgelegt. Aussparungen mit einer Säge vornehmen.*

Auf der ersten Plattenschicht *verstreicht man einen Unterbodenkleber. Die zweite Plattenlage verdeckt dann die Fugen der ersten.*

Das Körpergewicht *ist auf den neuen Platten gut eingesetzt, um alles fest zusammenzufügen. Tackerklammern sichern ihre Position.*

Die Trockenestrichfläche *streicht man mit einem Estrichgrund. Er härtet die Oberfläche, bildet den Untergrund für den Teppichkleber.*

Rohfußboden oder Lagerhölzer

Bei allen „schwimmenden" Verlegearten kommt es darauf an, den Schall in einer Lage Dämmaterial einzugrenzen, damit er sich nicht ausbreiten kann. Drei unterschiedliche Techniken sind hier gebräuchlich. Die Schalldämmung mit Hilfe einer Trockenschüttung setzt man dann ein, wenn der alte Unterboden so uneben ist, daß diese Unebenheiten von den Hartschaumplatten nicht aufgefangen werden können. Das Granulat muß mindestens 2 cm dick aufgetragen und mit einer geraden Latte abgezogen werden, bevor es die Estrichplatten tragen kann.
Die Technik mit Polystyrol-Hartschaumplatten haben wir auf den Fotos links dargestellt. Sie wird angewendet, wenn der alte Rohfußboden tragfähig und relativ eben ist und keine größeren Höhenunterschiede von Wand zu Wand auszugleichen sind. Die Hartschaumplatten bilden dann eine ideale Dämmschicht, die den Trittschall dämmt und zugleich für Fußwärme sorgt.
Wurde beim Bau des Hauses besonders scharf kalkuliert, dann kann es vorkommen, daß man auf dem Dachboden nicht einmal einen begehbaren Fußboden vorfindet. Man sieht dann nur die Deckenbalken (auf deren Unterseite ein paar Gipskartonplatten die Zimmerdecke bilden), die durch eine dünne Schicht zwischengeschnittener Bretter (sogenannte Einschubbretter) verbunden sind. Ist das der Fall, sollte der Zwischenraum darüber mit einem gewachsten Karton und einer Folie ausgelegt und mit Dämmplatten gefüllt werden. Darüber folgen die neuen Fußbodenverlegeplatten, die auf mit Dämmstreifen unterfütterten Lagerhölzern verschraubt werden können (Fotos rechts).

Plattenstreifen aus Holzfaserdämmstoff werden auf den Deckenbalken ausgelegt. Sie dienen als Trittschalldämmung.

Dachlatten im Format 4 × 6 cm, lose auf den Dämmstreifen ausgelegt, dienen als Träger für die Verlegeplatten. Nicht verschrauben!

Holzkeile oder ein 15 mm dicker Dämmstreifen sorgen dafür, daß die aufgelegte Bodenplatte keinen Kontakt zu den Balken erhält.

Ein Verleimen der Plattenschmalseiten ist nötig, damit der neue Boden zu einer Fläche wird. Nut und Feder machen's möglich.

An den Längskanten verschraubt man die Platten auf Lattenmitte. Die Schraubenlöcher vorbohren, damit nichts ausreißen kann.

Ein Verspachteln oder Überschleifen der Fugen ist nur nötig, wenn darauf ein dünner Bodenbelag (z. B. Teppich) verlegt werden soll.

Ausrichten mit Feingefühl

Die Fußbodenverlegeplatten sind ringsum mit Nut und Feder versehene Spanplatten von mindestens 19 mm, besser aber 22 oder 25 mm Dicke. Sie sind mit ihrer Größe von 92,5 × 205 cm gerade noch handlich genug, um mit etwas Mühe auf den Dachboden transportiert werden zu können. Dafür aber bilden sie – fachgerecht verlegt, an den Stoßkanten verleimt oder verleimt und verschraubt – einen wirklich stabilen und belastbaren Fußboden. Ist der Dachboden noch nicht mit einem Dielenboden ausgestattet (wie auf den Vorseiten gezeigt), sondern besteht er nur aus den unverkleideten Deckenbalken, so ist der Aufwand, einen gut gedämmten, schwimmenden neuen Rohfußboden zu schaffen, etwas größer. Als Arbeitsplattform kann man ruhig eine der Verlegeplatten wählen, von der aus man mit den vorbereitenden Arbeiten beginnt. Und das wäre das Auslegen der etwa 12 bis 15 cm breiten, 2 cm dicken Holzfaser-Dämmstreifen. Deren Abstände werden so gewählt, daß die längs darüber ausgelegte Fußbodenplatte an drei Punkten aufliegt. Bevor das geschieht, werden auf den Dämmplatten dicke Dachlatten ausgelegt, die eigentlichen Träger der Verlegeplatten. Ihre Stöße werden versetzt angeordnet, so daß keine Stelle des Unterbaus zu einem Knick im späteren Boden führen kann. Ist die Verlegeplatte auf den Trageleisten ausgelegt, kann sie mit diesen verschraubt werden, keinesfalls aber mit den Deckenbalken: Der Boden soll schwimmen! Die Nut- und Federverbindungen der Schmalseiten werden verleimt, die der Längsseiten zusätzlich mit Schrauben auf den Tragelatten fixiert. Jedes Plattenendstück wird zum Anfangsstück der folgenden Reihe.

trittfesten und stabilen Boden.

Der alte Dielenboden *wird mit einem Rieselschutz aus Packpapier abgedichtet, damit Schüttgut nicht durchdringen kann.*

Kräftige Lagerhölzer *(6 × 6 cm) werden schwimmend auf Jutefilzstreifen gelegt. Auch die Wandzone damit auskleiden.*

Eine Schicht Blähton, z. B. Lecatherm, kann nun zwischen die Lagerhölzer geschüttet werden. Sie dient der Dämmung.

Mit einem Richtscheit *zieht man die Oberfläche des Schüttguts ab. Verlegeplatten bzw. Dielen auf den Lagerhölzern fixieren.*

Mehr Dämmung, wenn der Platz keine große Rolle spielt

Luftschallschutz läßt sich nur durch den Einsatz von Massen verbessern – der Trittschallschutz hingegen nur durch das Entkoppeln von bisher miteinander verbundenen Flächen. Die Sanierung eines Fußbodens z. B. durch das Einbringen von Massivlehmziegeln, früher eine gern geübte Technik, ist nicht nur arbeits- und kostenintensiv, sondern setzt auch bestimmte statische Grundbedingungen voraus. Wenn aber ein Verlust von etwa 10 cm Raumhöhe unterm Dachfirst keine Rolle spielt, dann ist die hier gezeigte Lösung mit den dicken Lagerhölzern und einer Blähtonschüttung ideal. Sie verbessert den Luftschallschutz und zugleich die Wärmedämmung des Bodens nach unten. Dämmstreifen sorgen für die Entkopplung sämtlicher Bauteile.

Mit Leichtbauwänden

Auch verwinkelte Wände kann man mit Stahlprofilen und Gipsbauplatten ebenso gut realisieren wie glatte Raumtrennwände.

kann man Räume trennen.

Metallständer und Gipsbauplatten sind die idealen Materialien, wenn der Raum unterm Dach in einzelne Zimmer unterteilt werden soll.

Ist der Dachausbau so weit vorangeschritten, daß die Dämmung eingebracht und der Rohfußboden verlegt ist, kann man darangehen, die Fläche aufzugliedern. Sollen z. B. unterm Dach zwei Kinderzimmer entstehen, der Schlafraum für die Eltern oder ein schönes Gästezimmer, so ist es sinnvoll, ein kleines Bad mit einzuplanen.
Für alle die Trennwände, die den großen Raum unter dem Giebel unterteilen sollen, bietet sich der Trockenausbau mit Leichtbauwänden an. Sie haben den Vorzug, daß keine großen Lasten unters Dach befördert und verarbeitet werden. Und sie beanspruchen trotz guter Schalldämmung wenig Raum. Zunächst muß für jede Trennwand ein solider Rahmen aus speziellen Stahlprofilen erstellt und mit den angrenzenden Bauteilen wie Boden, Wänden und Decke verbunden werden. Das geschieht durch Verdübeln in Abständen von nicht mehr als maximal 1 m. Damit sich keine Schallbrücken bilden können, versieht man die Profile wandseitig mit einem selbstklebenden Schaumgummi-Dämmstreifen. Zwischen Boden- und Deckenprofil werden raumhohe, aufrechte Ständerprofile eingeklemmt, deren Abstände auf das Maß der Verkleidungsplatten abgestimmt werden. Bei senkrechter Verlegung der Platten ist das Achsmaß der Unterkonstruktion 45 cm, bei waagerechter Verlegung 62,5 cm. Die Selbstbauplatten sind 90 × 125 cm groß und gut zu handhaben.

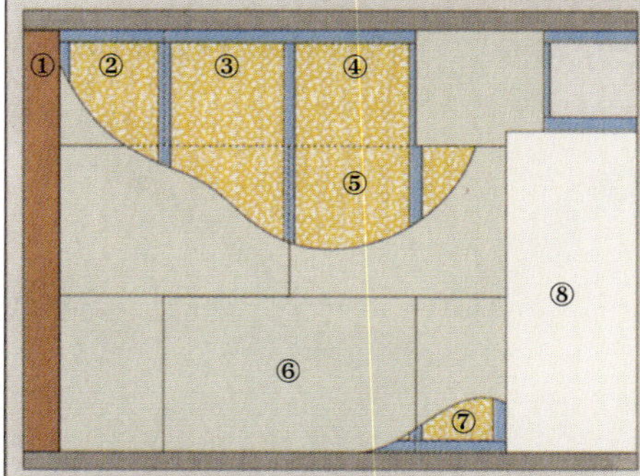

① Wand
② CW-Wandprofil
③ UW-Deckenprofil
④ CW-Ständerprofil
⑤ Wärmedämmung
⑥ Gipskartonplatte
⑦ UW-Bodenprofil
⑧ Türöffnung

Die Wandaufteilung: *Die 90 × 125 cm großen Platten sind in diesem Beispiel quer verlegt, so daß das Achsmaß zwischen den aufrechten Ständern 62,5 cm betragen muß.*

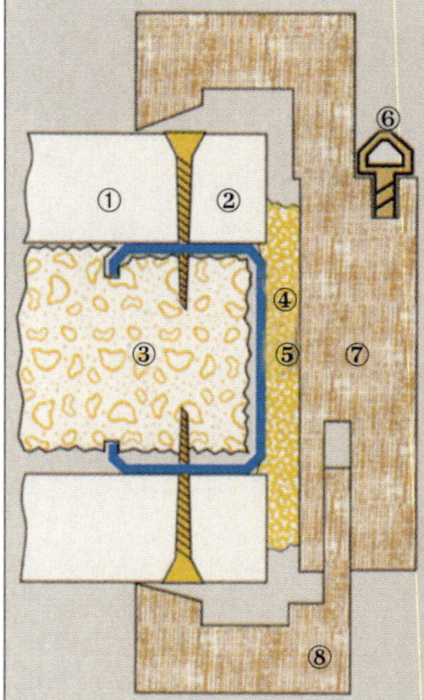

① Gipskartonplatte
② Schnellbauschraube
③ Mineralfaser-Dämmstoff
④ CW-Metallständerprofil
⑤ Montageschaum
⑥ Dichtungsprofil für Türblatt
⑦ Türzarge aus Holz
⑧ Zierbekleidung (Anpaßteil der Holzzarge)

Türzargen aus Holz *bekommt man passend zu jeder Wandstärke. Hier sieht man in der Schnittzeichnung, wie Zarge und Leichtbauwand zusammenmontiert werden müssen.*

Die Rückseiten *der Profile für Boden, Wand und Decke müssen mit einem Dämmstreifen aus Schaumgummi beklebt werden. Schall- und Kältebrücken werden so vermieden.*

Mit speziellen Einschlagdübeln *befestigt man die Stahlprofile auf dem Fußboden und an der Decke. Der maximale Abstand von Dübel zu Dübel darf nicht mehr als 1 m betragen.*

Fugenstöße versetzt anordnen

Ist das Untergerüst für die neue Trenn- oder Raumwand mit den umgebenden Bauteilen verbunden, kann man mit dem Verkleiden beginnen. Die 90 × 125 cm großen Platten, die man auch noch über eine enge oder steile Bodentreppe unters Dach schaffen kann, können senkrecht oder waagerecht angeordnet werden, je nachdem, wie das Profilgerüst aufgestellt wurde. Um Schallbrücken zu vermeiden, sollten die Platten nirgends direkt an Boden, Wand oder Decke anstoßen, sondern möglichst einen Abstand von 10 bis 12 mm halten, der später mit Füllspachtel ausgespachtelt wird. Müssen Platten der Dachschräge angepaßt werden, geschieht das mit Hilfe einer einstellbaren Schmiege, deren Winkel auf die Platte übertragen wird. Die Platten lassen sich recht einfach brechen, wenn man deren Oberfläche mit einer scharfen Klinge mehrfach einritzt und das abfallende Plattenstück – ähnlich einer Glasscheibe – über einer Tischkante abbricht. Ein Surformhobel ist das richtige Werkzeug, um die Bruchkante zu begradigen und die Vorderseite ein wenig abzuschrägen, damit hier wieder Füllspachtel eingebracht werden kann.

Ringsum befestigt werden die Platten auf den Stahlprofilen mit speziellen Gipskartonschrauben, die man gleich beim Materialeinkauf mitbestellen sollte. Die Schrauben besitzen eine selbstschneidende Spitze, deshalb müssen weder Platten noch Profile vorgebohrt werden, wenn man die Platten montiert. Zum Anbringen sollte man über einen Bohrschrauber mit Ratschenkupplung verfügen. Damit kann es nicht passieren, daß man die Schrauben unbeabsichtigt zu weit eindreht.

Boden, der Wand und der Decke verbunden.

Die Wandprofile *werden oben und unten in das Decken- bzw. Bodenprofil eingeklemmt und dann mit der Wand verdübelt. Die Schrauben mit dem Bohrschrauber eindrehen.*

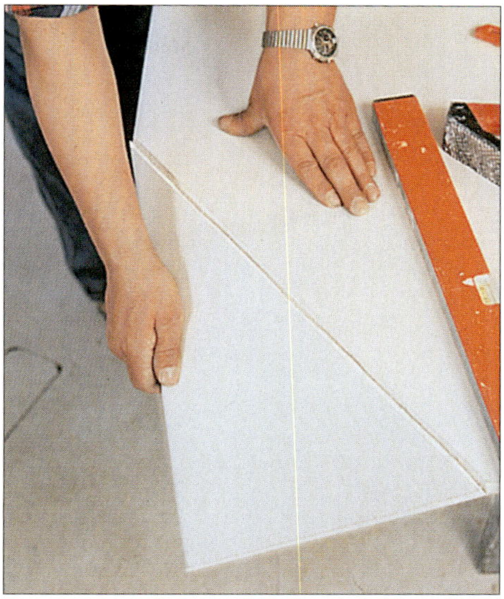

Zum Zerteilen *der Gipskartonplatten ritzt man deren Oberfläche nach Anriß mit einer Klinge ein. Dann läßt sich die Platte leicht über einer festen Kante abbrechen.*

Die Bruchkante *wird mit einem Surformhobel gerade und winkelgerecht geglättet. Die Vorderseite der oberen Kante etwas abschrägen, damit Platz für Fugenmörtel bleibt.*

Gipskartonschrauben *mit selbstschneidender Spitze sind die Befestigungsmittel, die die Platten mit den Ständern verbinden. Der Abstand zwischen den Schrauben: ca. 25 cm.*

Den Fugenspachtel, *den man nach Vorschrift mit Wasser zu einer geschmeidigen Paste anmischt, drückt man mit dem breiten Spachtel in alle Fugen der Fläche und der Ränder.*

Mit Dämmstoffplatten, *die speziell für die Schalldämmung entwickelt sind, füllt man die Räume zwischen den Ständern lückenlos aus. Dann die zweite Wandfläche verkleiden.*

Spachtel glättet die Fugen

Das Geheimnis, warum eine relativ dünne und leichte Trennwand gleiche oder sogar bessere Schall- und Wärmedämmwerte aufweist als manches massive Mauerwerk, liegt in den Schichten, aus denen sie besteht. Die Ständerprofile sind 5,5 cm tief, die zweiseitige Gipskartonbeplankung weist jeweils eine Dicke von 12,5 mm auf. Und zwischen diesen beiden Gipskartonplatten sorgt eine massive Füllung mit speziellen, schallschluckenden Mineralfaser-Dämmplatten dafür, daß Geräusche gut abgefangen werden. Eine Problemlösung in mehreren Schichten sozusagen. Damit es aber nicht nur eine schalldämmende, sondern auch eine glatte Wand wird, muß die Fläche mit einem Füllspachtel überarbeitet werden. Sowohl die Stoßfugen, an denen die Platten aufeinandertreffen, als auch die Schraubenlöcher und die Fugen an den Rändern der Trennwand müssen mit der pastösen Spachtelmasse verfüllt werden. Nach dem Trocknen der Spachtelmasse kann das Ganze mit Schleifkorken und Sandpapier geglättet, dann nochmals fein gespachtelt werden. Danach sollte die Wandfläche wirklich makellos plan sein.

Übrigens: Wenn eine Tür vorgesehen ist, sollte man deren Position schon von vornherein festlegen und beide Seiten mit einem Extra-Ständerprofil aussteifen. Für den Türsturz gibt es spezielle Profile, die dieser Konstruktion noch mehr Festigkeit verleihen. Und wer es besonders gut machen will, der faßt die Türöffnung innerhalb der Ständerprofile noch mit soliden Kanthölzern ein. Der Einbau einer Fertigtür samt Holzzarge ist recht einfach. Wie's geht, haben wir auf den folgenden Seiten beschrieben.

zwischen den Platten und den Profilen.

Ein spezielles Sturzprofil *ermöglicht es, auch Türen ohne Mühe einzusetzen. Es wird auf Breite geschnitten, dann durch Befestigungsbügel mit den übrigen Ständern verbunden.*

Das Montieren einer Türzarge *wird auf den folgenden Seiten beschrieben. Wer will, kann den Unterbau der Türöffnung vor dem Verkleiden zusätzlich mit Kanthölzern aussteifen.*

Die Aussparungen *für Schalter oder Steckdosen sollten übrigens schon gemacht werden, bevor die Platte an die Ständer geschraubt wird. Eine Lochsäge ist das richtige Werkzeug.*

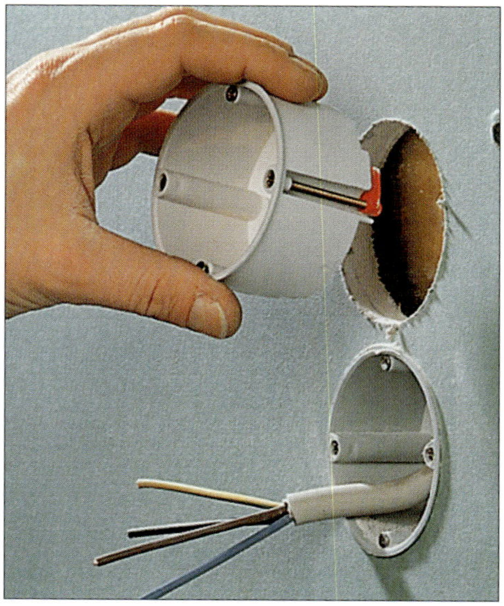

Die Zuleitungen *für die Elektrik verlegt man auch innerhalb der Leichtbauwand. Hohlwanddosen, in die Aussparungen gesetzt, werden dort mit Spreizkrallen gesichert.*

Normtüren und Zargen

Zimmertüren sind Stilelemente, die das Bild eines Raumes in großem Umfang prägen können. Darum ist das Abstimmen auf das Umfeld und die Möblierung wichtig.

kann man selbst einbauen.

Ob man eine alte Tür erneuern oder eine neue einbauen möchte: Genormte Größen und standardisierte Beschläge machen diese Arbeit leicht.

Zimmertüren gehören heute zu jenen Bauelementen, die in jedem Heimwerkermarkt angeboten werden. Und wohl auch jeder Hobbyhandwerker ist in der Lage, zu Hause eine neue Tür einzubauen oder ein Türblatt auszutauschen. Die alte Tür aushängen, die neue einhängen: das ist manchmal schon die ganze Arbeit, da die Maße von Türbändern und Schloß genormt sind.
Aber selbst der Einbau einer neuen Zarge ist kein großes Problem. Auch deren Bauteile nämlich sind so weit vorfabriziert, daß man sie einfach nur zusammenzustecken braucht. Fixiert wird die Zarge in der Türöffnung mit Montageschaum aus der Spraydose. Wie das geschieht und was man bei dieser Arbeit beachten muß, zeigen die Fotos.

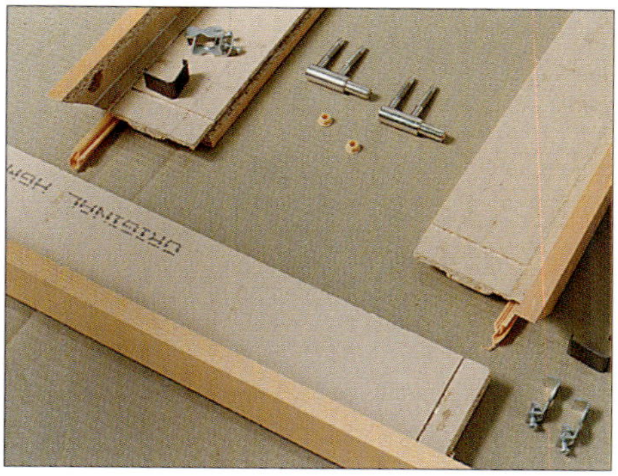

Die Türzarge gibt es als montagefertiges Paket in beinahe jedem Baumarkt. Auch Befestigungselemente und Dichtungen liegen bei.

Etwas Weißleim und die Verbindungselemente des Herstellers – mehr braucht man nicht, um aus Einzelteilen einen Rahmen zu bilden.

Das Innenfutter mit seiner festen Bekleidung wird in den Türausschnitt gesetzt. Ringsum verbleiben 1,5 bis 2 Zentimeter Freiraum.

Mit Spreizhölzern, die der Türgröße entsprechen, und mit Holzkeilen, die in den Spalt getrieben werden, fixiert man die Zarge.

***Montageschaum,** der hauptsächlich im Umfeld der Spreizen eingesetzt wird, verklebt die Zarge fest mit dem Material der Wand.*

***Die Bekleidung** auf der Zargenrückseite in die Nut des Innenfutters einschieben, nachdem der überstehende Baukleber entfernt ist.*

Stahlzargen kann man verkleiden

Damit Türzarge und Türblatt beim Einbau ganz exakt zueinander passen, muß man sich drei stabile Bretter zu Spreizen zuschneiden, die genau dem lichten Maß der Tür entsprechen. Die Spreizen in das Türinnenfutter einklemmen, die Zarge mit Holzkeilen in der Türöffnung fixieren und mit der Wasserwaage kontrollieren, ob alles im Lot ist. Erst danach setzt man die Tülle der Baukleberdose in den Zwischenraum von Zarge und Mauerwerk und fixiert die Zarge in dieser Position. Achtung: Der expandierende Kleber entwickelt starke Druckkraft. Die Kleberpunkte also möglichst nur im Umfeld der Spreizen setzen. Soll eine vorhandene alte Stahlzarge bei einer Wohnungsrenovierung nicht mit Gewalt aus der Türöffnung herausgebrochen werden, die Tür aber trotzdem ein neues Gesicht bekommen, ist eine Renovierungszarge zu empfehlen. Sie umfaßt mit ihren etwas größeren Rahmenteilen die alte Zarge und macht sie unsichtbar. Damit das funktioniert, vorher die Bänder der Stahlzarge demontieren.

Auf den richtigen Anschlag kommt es an

Damit die neue Tür vernünftig funktionieren kann und nicht als störendes Objekt in einen Raum hineinragt, muß man beim Türen- und Zargeneinkauf auf den richtigen Anschlag der Bänder achten. Die Seite, auf der die Bänder montiert sind, ist immer die Anschlagseite – von dem Raum aus betrachtet, in den die Tür schlägt. Das muß man beim Bestellen angeben!

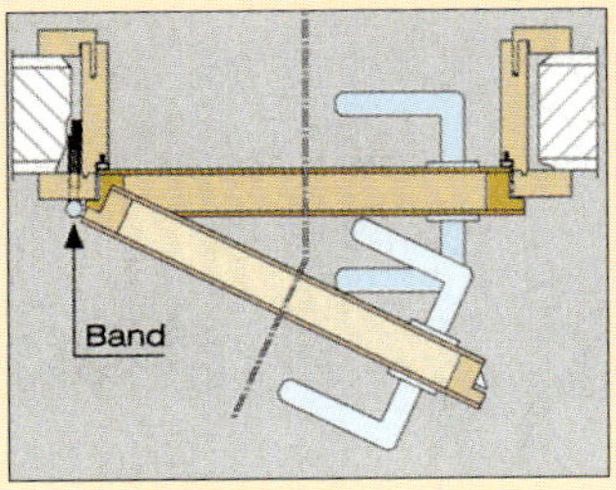

Tür mit Linksanschlag

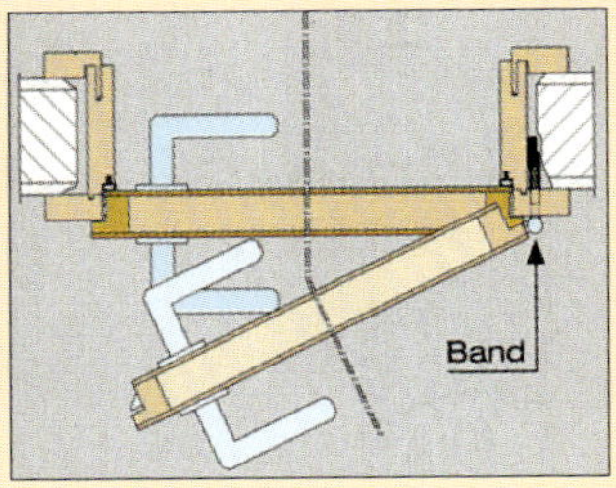

Tür mit Rechtsanschlag

Hammer und ein scharfes Messer.

Eine Renovierungszarge *kann dort verwendet werden, wo die alte Tür in einer Stahlzarge saß. Zuvor muß man die Bänder entfernen.*

Die Wasserwaage *ist ein wichtiges Hilfsmittel, um die Position der Zargen zu überprüfen, nachdem man sie mit Holzkeilen fixiert hat.*

PU-Montageschaum *verbindet auch hier die neue Zarge mit der alten. Die Tür kann eingehängt werden; sie steift den Rahmen aus.*

Der äußere Zargenrahmen *wird mit Leim versehen und in die Nut geschoben, nachdem auch hier der Bauschaum entfernt wurde.*

Außenmaß der alten Türblätter	Lichtes Durchgangsmaß eingebauter Stahlzargen
61,0 × 198,5 cm	56,1 × 196,8 cm
73,5 × 198,5 cm	68,6 × 196,8 cm
86,0 × 198,5 cm	81,1 × 196,8 cm
98,5 × 198,5 cm	93,6 × 196,8 cm

Außenmaß der neuen Türblätter	Lichtes Durchgangs der neuen Ummantelung
55,0 × 195,5 cm	50,6 × 193,7 cm
67,5 × 195,5 cm	63,1 × 193,7 cm
80,0 × 195,5 cm	75,6 × 193,7 cm
92,5 × 195,5 cm	88,1 × 193,7 cm

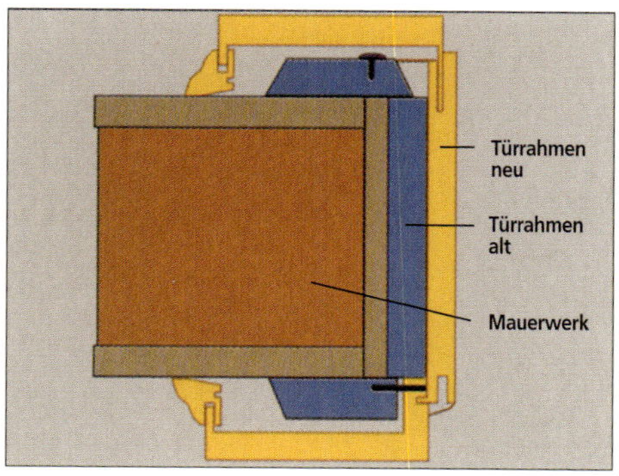

Die Schnittskizze *durch eine Renovierungszarge macht deutlich, wie einfach und effektiv sich eine alte Stahlzarge verstecken läßt.*

Zeitlos schön: Ein Holzboden

Ein schönes Holz, ein lebendiges Muster: Mit fertig lackierten Dielen in Buchenholz, hier nach Schiffsbodenart gestaltet, schafft man sich einen zeitlos schönen und durablen Boden.

paßt zu jedem Wohnstil

Wer den neuen Wohnraum unterm Dach mit Fertigparkett ausstattet, hat eine gute Wahl getroffen. Holz ist ein Material, das niemals aus der Mode kommt.

Mit einem Fertigparkettboden hat man sich für ein Material von Dauer entschieden, einem Boden, der optisch Wärme ausstrahlt – und der zugleich so zeitlos ist wie sonst kaum ein anderer. Dabei kann man unter einer Vielzahl unterschiedlicher Holzarten wählen und unter unterschiedlicher Materialanordnung auf der Sichtfläche der Bodendiele. Die sogenannten Schwedendielen zeigen eine Oberfläche wie eine massive Diele. Beim Schiffsbodenmuster bilden jeweils drei mit versetzten Stößen aneinandergefügte Hölzer das sehr ausdrucksstarke Muster, das noch durch die unterschiedlich hellen oder dunklen Partien unterstützt wird. Einen schönen hölzernen Boden stellt auch das klassische Stäbchenparkett dar, das aber nur in Form von Parkettfliesen angeboten wird, die fest mit dem Untergrund verklebt werden müssen.

Der Vorteil der schwimmenden Verlegung ist, daß hier durch das Unterlegen einer dünnen Spezialpappe der direkte Kontakt zum Unterboden vermieden wird. Auch zu den umgebenden Raumwänden besteht keine direkte Verbindung, denn beim Verlegen wird ringsum ein Freiraum von etwa 1,5 cm gelassen, der beim Arbeiten durch eingeschlagene Keile gesichert wird. Der Grund: Der Holzboden, der ja zu einer schwimmenden, aber kompakten Insel verleimt wird, soll arbeiten können, aber keinen Trittschall weiterleiten. Fußleisten decken später den Zwischenraum ab.

Die Werkzeuge zum Fußbodenverlegen haben wir hier zusammengestellt. Besonders unentbehrlich sind Zugeisen und Klopfholz.

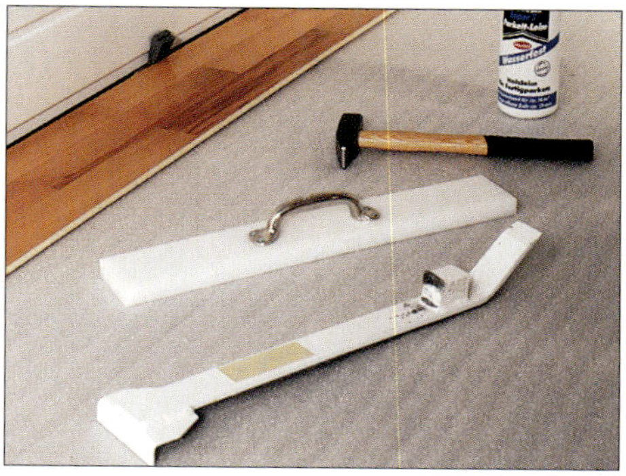

Schwimmend, ohne direkten Bodenkontakt, liegt die erste Diele auf einer dünnen Dämmmatte. Mit Keilen einen 1,5-cm-Rand fixieren.

Im fließenden Verband wird eine Diele an die nächste gefügt. Das Reststück der ersten Reihe bildet den Anfang für die folgende Reihe.

Das Arbeiten mit einem **Klopfholz** bewirkt,

Nur auf die Feder *an der Stoßfuge zweier Dielen wird der Leim aufgetragen. Dann die Kontaktstelle zusammenfügen, Keile einsetzen.*

Mit Hammer und Klopfscheit *sorgt man jeweils dafür, daß alle Fugen lückenlos zusammenstoßen. Überschüssigen Leim abwischen.*

Holzböden – fertig versiegelt

Eine Grundbedingung für einen schönen Holzfußboden ist, daß der Untergund, auf dem er verlegt werden soll, keine Unebenheiten aufweist. Ist das bei einem Estrich- oder Spanplattenunterboden der Fall, muß man diese erst einmal beseitigen – zum Beispiel, indem man ihn mit einem Ausgleichs- oder Fließspachtel ebnet, der selbstverlaufend eingestellt ist und so zu einer wirklich planebenen Fläche verhilft. Ist dieser Spachtel gut durchgetrocknet, kann man mit dem Verlegen des Holzbodens beginnen, indem man die Dämmatte auslegt, meist eine besonders dicke, weiche Pappe- oder Wellpappebahn, die feinste Unebenheiten noch ausgleichen und zugleich ein wenig Trittschall dämmen kann. Ist das geschehen, legt man die erste Bodendiele so darauf, daß die Nut zur Wandseite weist. Holzkeile, in etwa 1-m-Abständen zwischen Diele und Wand eingesetzt, sorgen für den erforderlichen „Bewegungsraum“, den das Holz nun einmal braucht, selbst wenn es wie das Fertigparkett aus mehreren Schichten

Genau anpassen *muß man die Dielen, die Rohre oder Sockel umfassen. Die Lücke mit einem passenden Holzzuschnitt auffüllen.*

Die letzte Diele *wird zum Anreißen kantenbündig auf den Boden gelegt, darauf eine Diele in Wandkontakt. Linie gut markieren.*

daß die Feder keinen Schaden nimmt.

zusammengeleimt und mit einem Echtholzfurnier und mehreren kratzfesten Lackschichten eingedeckt ist. Der Vorteil, den die Fertigparkettdielen mit sich bringen, ist, daß beim Verarbeiten kaum Verschnitt entsteht. Denn das Reststück einer jeweilig auf Raumbreite angepaßten Diele wird zum Anfangselement der nächstfolgenden. So ist auch immer dafür gesorgt, daß an den Stoßfugen wieder Nut und Feder aufeinandertreffen und alles fest mit Leim verbunden werden kann. Es genügt übrigens, wenn man den Leim nur auf die Oberseite der Feder aufträgt. Beim Zusammenfügen der Dielen gelangt noch genug Leim in die gesamte Fuge, aber es wird so sichergestellt, daß besonders die obere dicht mit Leim versiegelt wird. Einige Dielenhersteller übrigens bieten einen speziellen Leim für ihre Produkte an, der stets wasserfest, manchmal sogar schmutzabweisend ausgerüstet ist. Machen Sie von dem Angebot Gebrauch! Überquellende Leimreste sollte man gleich mit einem feuchten Tuch abwischen.

Fußbodendielen gibt es auch ohne Versiegelung.

Für Selbermacher, die besonderen Wert auf einen naturbelassenen Holzfußboden legen, bieten einige Hersteller Bodendielen ohne Versiegelung an. Damit die Holzoberfläche nicht so schnell verschmutzt, kann man sie mit einem Hartwachs veredeln, das nur mit dem Pinsel aufgetragen wird. Ein guter Oberflächenschutz mit mattem Glanz, der auch ein Ausbessern nicht übelnimmt.

***Mit dem Zugeisen** läßt sich die letzte Diele einfügen. Schräg auf der leimbestrichenen Feder ansetzen, Eisen einhaken, festklopfen.*

***Die Fußleisten** können mit der Wand verdübelt und verschraubt werden, wenn alle Holzkeile entfernt sind. Ecken auf Gehrung sägen.*

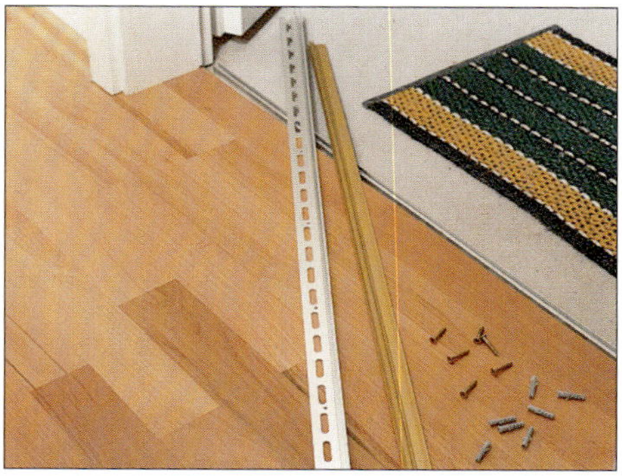

***Einen schönen Übergang** zum angrenzenden Raum erzielt man mit Profilschienen, die angeschraubt und abgedeckt werden.*

Holz: das schönste Material

Ein Holz, zwei Farbtöne: In diesem Zimmer schaffen Ahornpaneele in Natur und Sherry eine eindrucksvolle Atmosphäre.

für Wände und Decken

Wer sein Herz für natürliche Materialien entdeckt hat, kommt an Profilholz und Paneelen nicht vorbei. Die Anwendungsmöglichkeiten lassen keine Wünsche offen.

Für eine richtige **Entscheidung** muß man

Massivholzpaneele sind eine Variante der Profilhölzer. Beide sind aus massivem Holz.

Gestaltungsspielraum bei Dekorpaneelen

Der eine mag seine Paneeldecke lieber beinahe fugenlos anordnen, der andere zieht es vor, wenn sich die einzelnen Paneele durch breite Federn klar voneinander absetzen. Bei den Dekorpaneelen aus dem Hause Parador kann man sich noch für die eine oder andere Lösung entscheiden, wenn das Material schon eingekauft ist. Eine besonders breite Feder und eine besonders tiefe Profilnut nämlich lassen beide Möglichkeiten zu. Mit Hilfsleisten sorgt man für gleiche Montageabstände.

Wer sich einmal in Holz verguckt hat, kann davon nicht mehr lassen. Der träumt von Decken und Wänden in edel furnierten Paneelen oder in massiven Profilhölzern, dem haben es die Qualität der Oberflächen und die schönen Dekore des Materials angetan. Und dessen oft ungeachtet, wieviel der Quadratmeter kostet. Holz ist eine Entscheidung für Jahre. Eine Dachschräge in Esche oder Eiche wechselt man schließlich nicht so schnell, wie man früher vielleicht die Rauhfasertapete mit einem neuen Anstrich versah.

Der Holzmarkt hat sich den Kundenwünschen angepaßt. Waren früher oft Billigprodukte die Renner, so wird heute fast ausschließlich nach Paneelsystemen gefragt, die mehr leisten, als nur Wandflächen einzudecken. Die Oberflächen der Paneele gibt es in vielfältigen Holzarten, sie sind schon vom Hersteller perfekt endbehandelt mit einer edlen Lasur, einem matten oder glänzenden Lack. Und die Kanten sind ringsum schön profiliert und mit gleichmäßig gefrästen Nut- und Federverbindungen versehen, die es auch dem handwerklichen Laien ermöglichen, saubere Anschlußfugen zu erzielen.

Gestaltungsvielfalt bieten die oft lose beigelegten Federn, die nicht nur in der Holzart der Paneele, sondern auch in verschiedenen Farben, unterschiedlichen Dekoren oder Metall- und Spiegelflächen zu haben sind. Die Niedervolt-Lichtsysteme, wie wir sie auf den Vorseiten vorgestellt haben, ermöglichen weitere Gestaltungsvarianten. Und ein umfangreiches Programm von Dekor-, Anschluß-, Verkleidungs- und Eckleisten sorgt dafür, daß man auch die ausgefallensten Ideen verwirklichen kann.

das Material genau kennen.

Bei Profilholz handelt es sich um massive Hölzer mit unterschiedlicher Profilierung.

Echtholzpaneele besitzen eine Oberfläche aus Holzfurnier und einen Kern aus MDF.

Wer sich zum ersten Mal damit befaßt, eine Decke oder eine angrenzende Wand mit edlen Hölzern zu verkleiden, muß sich zunächst darüber klarwerden, was denn die einzelnen Fachbegriffe bedeuten, mit denen man sich beim Händler konfrontiert sieht. Wir wollen Ihnen hier einen Überblick vermitteln.

Bei Echtholzpaneelen handelt es sich um einen ringsum genuteten, 25 oder 33 cm breiten Paneelträger aus MDF-Platte (mitteldichter Faserplatte), der mit Furnieroberflächen ausgestattet ist, wie man sie sonst nur bei edlen Möbeln findet. Ihr Merkmal: symmetrisch angeordnete Furnierblumen sowie eine hochwertige, matt glänzende Oberfläche. Der Preis für den Quadratmeter liegt zwischen 15 und 50 Euro, je nach verwendeter Holzart sowie Dicke und Deckbreite der Paneele.

Dekorpaneele sind im Prinzip genauso aufgebaut. Ihre Oberfläche ist jedoch mit einer Folie beschichtet, die entweder eine Holzart imitiert oder – und das ist die neue und modischere Variante – graphische Strukturen aufweist. Die Vielfalt der Dekore, verbunden mit der Möglichkeit, die Vertäfelungsfläche mit schön profilierten, ebenfalls folienbeschichteten Dekorleisten einzufassen, setzt der Phantasie des Gestalters kaum noch Grenzen. Auch Dekorpaneele werden in verschiedenen Qualitäten angeboten. Die günstigsten sind schon ab etwa 10 Euro pro Quadratmeter zu haben, für technisch aufwendigere aber, die auch für Badezimmer geeignet sind, muß man etwa 15 bis 20 Euro ausgeben. Dekorpaneele sind ebenfalls ringsum genutet und mit separaten Federn versehen, was ein sehr verschnittarmes Verlegen ermöglicht.

Hersteller, die Ihnen Informationsmaterial anbieten

Nur wer sich mit dem Angebot an unterschiedlichen Materialien für die Wand- und Deckenverkleidung auskennt, wer Profilhölzer und Echtholzpaneele von den Massivholzpaneelen oder Dekorpaneelen unterscheiden kann, ist in der Lage, die richtige Wahl für seine persönlichen Bedürfnisse zu treffen. Die Firmen, die wir hier aufführen, bieten Ihnen Informationsmaterial an, das auch zur Anregung dienen kann:

Louis Krages Holzwerke, Beim Industriehafen 123, 28237 Bremen.
OSMO, Ostermann & Scheiwe GmbH, Hafenweg 31, 48155 Münster.
Parador Wohnsysteme, Erlenweg 106, 48653 Coesfeld

Schön rustikal: das Massivholz-Stab-Paneel in astiger, nordischer Kiefer. Der halbrunde Stab ist Teil des Nut-und-Feder-Paneels (Krages).

Sie bringen Gestaltungsspielraum: **Leisten,** mit

Dekorpaneele besitzen eine Folienoberfläche mit Holz- oder Phantasiedekoren.

Bei Massivholzpaneelen handelt es sich um eine Variante der Profilbretter: durch und durch massives Holz, das aber an einer Längs- und einer Schmalseite mit einer Feder, an den gegenüberliegenden mit einer Nut versehen ist. Drei verschiedene Längen ermöglichen das Anpassen an unterschiedliche Raumverhältnisse. Die mit diesem Material verkleideten Flächen sind – wie auch bei den klassischen Paneelen – durch dekorative Längs- und Stoßfugen aufgegliedert. Der Quadratmeterpreis für die matt lackierten, in sechs Holzarten verfügbaren Paneele liegt zwischen 15 und 45 Euro.

Massive Profilhölzer schließlich sind die Klassiker unter den Wand- und Deckenverkleidungen aus Holz. Ein breites Angebot von unterschiedlichen Profilformen, Holzarten und Oberflächen steht zur Wahl: unbehandelt, gewachst oder farblos bzw. auch deckend lackiert. Profilholz sollte möglichst nicht auf Stoß, sondern nur in vollen Längen verarbeitet werden, was zu einem größeren Verschnitt führt.

Auch Feuchträume kann man mit Holz verschönern. Das Beispiel: wachsbehandelte nordische Fichte, mit Dekorleisten abgesetzt.

Das Schnittbild zeigt ein Holzpaneel (oben) und ein Feuchtraumpaneel. Hier müssen auch Nuten und Rückseite versiegelt sein.

denen jeder Anschluß gelingt.

Profilleisten: mit Echtholz- und Dekoroberflächen zu haben. In vielen Farben und Formen.

Seitdem der Verbraucher bewußter auf die Qualität der Hölzer achtet, die er verarbeiten will, sind auch die Billigangebote vom Markt verschwunden, die beim Verarbeiten und Betrachten oft mehr Verdruß als Freude bereiteten. Qualitativ gutes Profilholz kostet heute etwa 10 bis 50 Euro pro Quadratmeter.

Wer mehr als nur eine glatte Holzverkleidung schaffen möchte und Freude am Gestalten von Flächen und Räumen hat, sollte sich bei seinem Holzhändler die auf die Paneele und Profilhölzer abgestimmten Leistenprogramme anschauen. Mit ihnen sind wahrhaft professionell anmutende Lösungen machbar: schöne Einfassungen mit farbig lackierten Dekorleisten z. B. oder saubere Abschlüsse auch von Holzflächen, die nicht die ganze Decke oder eine ganze Wandfläche einnehmen. Besonders raffiniert sind dabei die Systeme, bei denen man vorher spezielle Befestigungselemente an Wand oder Decke schrauben muß und die Leisten später einfach darauf festclippen kann.

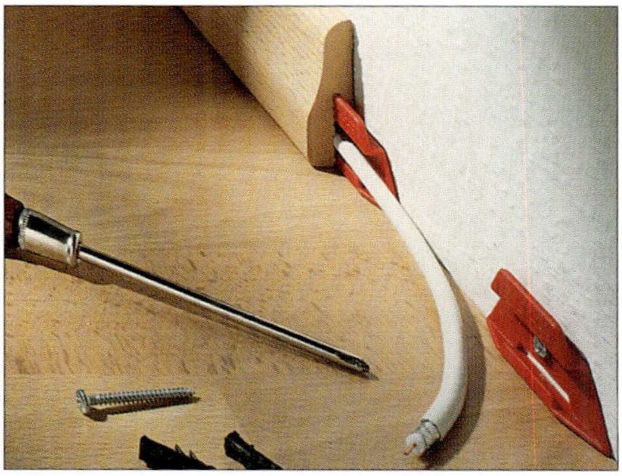

Auch am Boden machen sich Leisten nützlich. Hinter dieser Sockelleiste z. B. kann man das Antennen- oder Telefonkabel gut verstecken.

***Befestigungsclips** erleichtern bei einigen der Profilleistensysteme das Anbringen (oder spätere Ablösen) unter der Zimmerdecke.*

***Für saubere Abschlüsse** sind Falzleisten nützlich, die verwendet werden, wo eine Vertäfelung auf die glatte Zimmerdecke übergeht.*

Falzleisten sorgen für elegante Übergänge an den Schrägen

Beim Dachausbau, wo die Vertäfelung oft am Kniestock beginnt und bis zur Decke reicht, sollte man am Übergang zur Dachschräge Falzleisten verwenden. Man kann sie aufkleben oder in die Nuten einführen.

Profilholz macht es

Stimmung bedeutet uns viel – ob ein Essen bei Kerzenschein oder durch ein schönes Baumaterial.

wohnlich unter Ihrem Dach.

Wer es unterm Dach behaglich haben möchte, sollte eine Wandverkleidung mit Profilholz wählen. Ob unbehandelt oder lackiert, immer schenkt sie Freude.

Sind die ersten Schritte für den neuen Wohnraum unterm Dach getan – das Isolieren des Dachs und der Einbau der Dachflächenfenster –, können die Dachschrägen und die Decke verkleidet werden. Zum Beispiel mit Profilholz oder Paneelen. Das kann auch der Hobbyhandwerker schaffen, denn die Materialien sind schon von den Herstellerfirmen so perfekt gefertigt, daß es beim Verarbeiten und Anbringen keine Probleme geben dürfte. Für welches Holz man sich entscheidet, ist immer eine Frage des persönlichen Geschmacks. Besonders elegant wirken die bereits endbehandelten, also fertig lackierten oder lasierten Profilhölzer. Der Mehrpreis ist durch die eingesparte Arbeit akzeptabel.

Das Grundgerüst *für den Kniestock kann man aus gehobelten Dachlatten fertigen. Gut auswinkeln, Latten durchbohren, andübeln.*

Den oberen Anschlag *und die aufrechten Tragelatten fertigt man aus druckimprägnierten Brettern. Die Bretter lotrecht ausrichten.*

Wichtig: Alles muß fluchten

Wer hochwertige Profilhölzer selber anbringen möchte, sollte sich dazu das geeignete Werkzeug beschaffen. Denn damit gelingt die Arbeit nicht nur schneller, sondern auch besser. Bestes Beispiel: die elektrische Kapp- und Gehrungssäge, mit der man die Profilbretter exakt und winkelgerecht ablängen kann. Eine Stichsäge für kleinere Ausschnittarbeiten wird benötigt – und selbstverständlich ein Tacker, dessen Nase bis tief in die Profilnut reicht und mit dem man die Profilbretter direkt auf der Unterlattung befestigen kann.

Eine andere Methode, Paneele oder Profilbretter sauber anzubringen, ist die mit Befestigungskrallen. Eine Seite dieser meist dünnen Bleche ist so geformt, daß sie in die Profilnut hineingreift. Die andere Seite ist mit Löchern versehen, die zum Fixieren der Klammern auf der Unterlattung dienen. Das kann mit einem magnetisierten Nagler geschehen, der die Stifte beim Festnageln hält, oder ebenfalls mit Tackerklammern.

Zum Ausgleichen *von Niveauunterschieden bei den Sparren können auch unter den Schrägen Hilfslatten angebracht werden.*

Winkelgerecht zuschneiden *kann man die Hilfslatten und die Profilhölzer am besten mit einer elektrischen Kapp- und Gehrungssäge.*

Mit einer geraden Richtlatte kann man leicht überprüfen, ob das Untergerüst fluchtet. Das ist entscheidend für eine gute Verkleidung.

Größte Sorgfalt muß man walten lassen, wenn es um den Unterbau für die Profilholzverkleidung geht. Die langen, etwa 10 cm breiten, druckimprägnierten Bretter sollten 2 cm dick und absolut gerade sein. In Abständen von nicht mehr als 80 cm lichter Weite quer zur späteren Profilholz-Laufrichtung unter den Dachsparren oder entsprechenden Hilfslatten angebracht, müssen sie absolut fluchtend montiert werden. Unebenheiten werden mit untergeschobenen Keilen ausgeglichen, damit die Wandfläche makellos gelingt.
Nicht immer sind die Räume so bemessen, daß man die Profilhölzer in voller Länge von Wand zu Wand durchlaufen lassen kann. Sind Stöße technisch erforderlich, müssen sie so gelegt werden, daß beide Enden mittig auf einer der Unterlatten fixiert werden können.
Bei Paneelen, deren Enden ebenfalls mit Nut und Feder versehen und bei denen die Kanten abgerundet sind, kann man solche Stöße sogar als ein gestalterisches Moment einplanen.

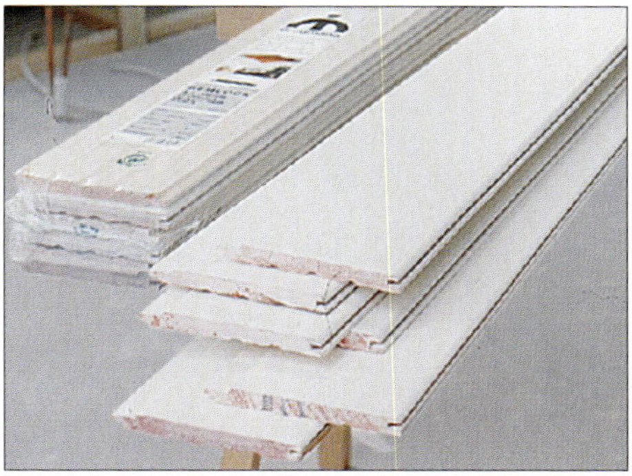

Bei Raumtemperatur sollten Profilbretter und Paneele vor dem Verlegen einige Tage gelagert werden. Sie müssen sich akklimatisieren.

Die Feder nach unten, die Nut nach oben: so werden die ersten Profile nach Wasserwaage ausgerichtet und an die Bretter getackert.

Die Tackernase muß so geformt sein, daß man damit bis in die Profilnut gelangen kann. Die Schlagstärke nach Holzart regeln!

Am Übergang *vom Kniestock zur Schräge muß man die Feder des oberen Profilbretts etwas beschneiden, damit der Anschluß paßt.*

An Fensteröffnungen *kontrolliert man von Zeit zu Zeit, ob die Flächen links und rechts vom Fenster genau parallel verlegt wurden.*

Auf Sollhöhe *auffüttern muß man alle baulichen Anschlußelemente wie die Balken unter der Zimmerdecke. Dazu Latten anschrauben.*

Tricks, dem Profi abgeguckt

Wer ein Auge für besonders gut gelungene Handwerksarbeiten besitzt, wird sich vielleicht schon gefragt haben, wie die Ausbauprofis an einen Dachausbau herangehen. Nun, einerseits mit dem reichhaltigen Schatz an Erfahrungen, die sie im Laufe der Zeit gesammelt haben. Andererseits mit einem gehörigen Maß an Planung. Zwar werden sie die Entscheidung über das Baumaterial nur selten beeinflussen können; die trifft der Bauherr selber. Aber wie und womit z. B. die Profilbretter angebracht werden, wie hoch der Kniestock oder wie die Fenstereinfassung beschaffen sein soll – das liegt meist doch in der Hand des Ausführenden. Wer die Bauhöhe des Kniestocks so festlegt, daß die Unterlattung mit vollen, nicht angeschnittenen Profilbrettern eingedeckt werden kann, hat Arbeit gespart und zugleich für eine bessere Optik gesorgt. Wer sämtliche Stoßfugen stets in die Mitte einer der Unterlatten legt, kann ohne große Mühe saubere Übergänge erzielen. Und wer schon zum Beginn einer Decken-

Genau angepaßt *werden auch die Profilbretter, die an solche Übergangsbereiche anstoßen. Ausschnitte mit der Stichsäge fertigen.*

zu lotrechten Flächen müssen genau passen.

verkleidung mit Profilhölzern entscheidet, daß die Anschlüsse an die umgebenden Raumwände in Form einer Schattenfuge ausgeführt werden, der erspart sich zeitaufwendige, millimetergenaue Zuschnitte, indem er diese Schattenfuge erst ausarbeitet, nachdem die Decke verkleidet ist. Das geeignete Handwerkzeug für solche Schattenfugenschnitte ist heute auch dem Heimwerker zugänglich – als Vorsatzgerät zum Winkelschleifer nämlich. Für einen sauberen Schattenfugenschnitt muß die Arbeitstiefe des Sägeblatts auf die Dicke der verwendeten Profilbretter eingestellt werden. Führt man die Anlageplatte der Säge an der Wand entlang, entsteht eine ganz gerade Kante mit genau 12 mm Luft. Der Fachmann kann's kaum besser!
Sehr professionell übrigens wirken auch Deckenverkleidungen, bei denen Profilleisten (siehe auch Seite 91) als Einfassungen, für Höhenversprünge oder an Raumecken eingesetzt werden. Man bekommt sie mit natürlicher Holzoberfläche, aber auch folienbeschichtet oder farbig lackiert.

Ein perfekter Anschluß. Denn hier fügen sich die waagerechten Profilbretter unterm Spitzgiebel harmonisch gegen die Dachschräge.

Eine leichte Übung wird dann das Befestigen der Profilbretter unter den Kehlbalken. Nut und Feder zusammenfügen, antackern, fertig.

Leuchteneinbau: nach Schablone mühelos

So werden Leuchten und Steckdosen eingebaut

Festlegen kann man die Position von Einbauelementen wie z. B. Leuchten, Steckdosen und Schaltern am besten, wenn die Profile montiert sind. Zum Aussägen der Aussparungen mit dem Lochsägevorsatz oder einer Stichsäge aber nimmt man sie besser noch einmal ab. Auch Rahmen und Rosetten sollten eher auf dem Werktisch eingesetzt werden, weil dort die Handhabung viel leichter fällt.

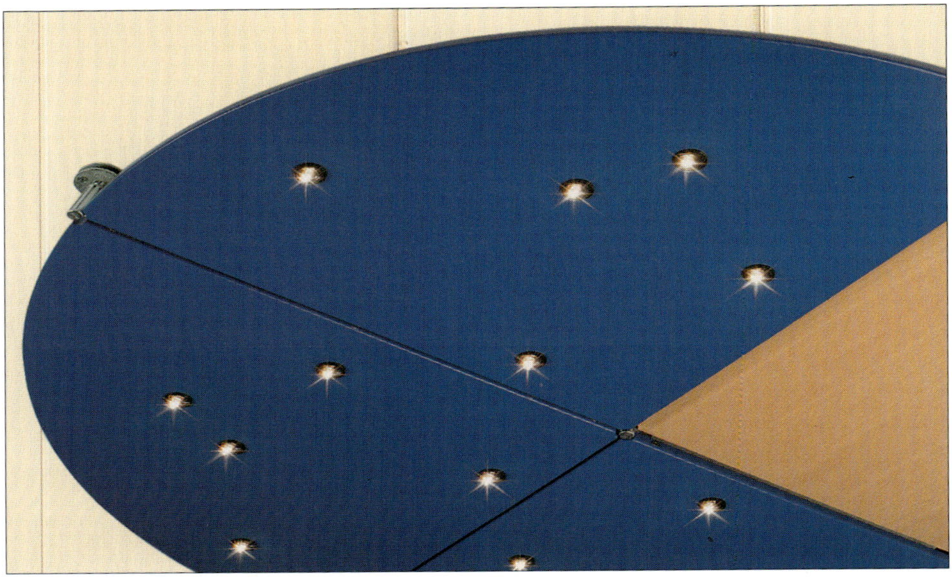

Ein System, das für den Selbsteinbau geschaffen wurde

Eine schöne Deckenverkleidung mit Profilholz oder Paneelen vorzunehmen geht heute beinahe immer Hand in Hand mit dem Installieren modischer und energiesparender Einbaustrahler oder sogenannten Downlights. Ein Lichtsystem, das nicht nur mit einem reichhaltigen Angebot an reizvollen, oft ganz verschiedenartigen Leuchten aufwartet, sondern mit einer ganz besonders ausgeklügelten Technik. War das Anbringen und Anschließen von Lampen bisher ausschließlich Sache für den Elektrofachmann, so kann man mit dieser Technik getrost auch als Laie sein Licht zum Leuchten bringen. Das einzige, was der Fachmann noch tun muß: eine Steckdose installieren, die später von den Paneelen verdeckt wird und die den nötigen Strom zum Betreiben der Trafos liefert. Alles andere ist bereits von den Herstellerfirmen dieser modernen Leuchten steckerfertig vorbereitet. Damit die Ausschnitte in den Deckenpaneelen und Profilbrettern ganz genau passen, empfiehlt es sich, die ebenfalls angebotenen Lochsägen gleich mitzubestellen. Und noch etwas sollte man bedenken: die Trafos möglichst so unter der Profilholzdecke anordnen, daß man sie auch später (z. B. durch einen Strahleraussschnitt) noch erreichen kann.

Die Verteilereinheit mit fünf Starlights ist, wie alle anderen Niedervolt-Einbaustrahler auch, steckerfertig vormontiert.

Deckenlichter, superflach und elektrisch sicher

Dieses Schnittmodell einer mit Paneelen verkleideten Decke läßt erkennen, daß die Technik für die Niedervolt-Einbaustrahler nicht viel Platz benötigt. Die beiden superflachen Duotronik-Trafos begnügen sich mit nur 20 mm Raum oberhalb der Paneele. Die Einbautiefe für Downlights und Strahler beträgt gerade einmal 34 mm, so daß man mit einer Unterkonstruktion von 22 mm auskommt.

***Mit mattem Chrom** bestricht dieses 50-Watt-Downlight, die Lichtquelle wird von einem 75-mm-Glasring abgedeckt.*

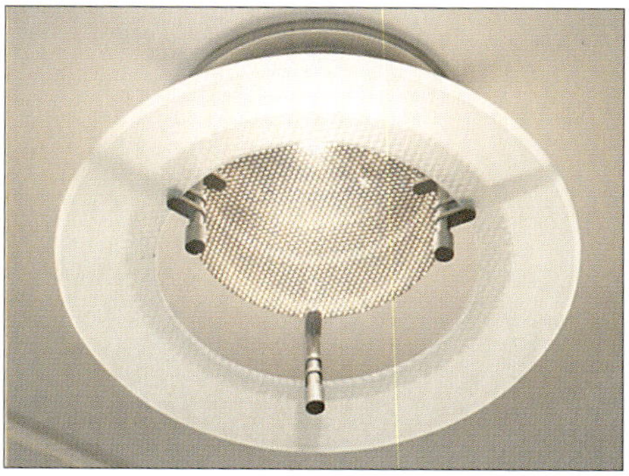

***Zwei Vorsatzglasringe** mit matter Oberfläche lassen dieses Downlight wirkungsvoll erstrahlen. Passend dazu die verchromten Glashalter.*

***Ein magisches Licht** spendet dieses Downlight durch seinen Vorsatzring in blauem Glas. Eine Lichtlösung, die jedem ins Auge springt!*

***Um 360 Grad drehen** und um 75 Grad schwenken kann man diesen Strahler, der auch in Weiß und Chrom zu haben ist (alle Parador).*

Möbel unter der Schräge,

Der Höhe des Kniestocks und der Schräge des Dachs genau angepaßt ist diese Möblierung mit dem MachArt-System.

perfekt nach Maß gebaut

Schränke und Regale, die der Dachschräge angepaßt sind, kann man nirgends fertig kaufen. Eine Paradeaufgabe für den geschickten Selbermacher!

Natürlich kann man auch sämtliche Möbel für das Dachgeschoß, wie der Tischler es vielleicht tun würde, individuell entwerfen, herstellen und einbauen. Die andere Methode, zu einer schönen und praktischen Einrichtung zu kommen: Man nutzt die Bausteine eines Möbelbausystems und verändert sie entsprechend den baulichen Gegebenheiten unterm Dach. Das MachArt-System aus dem Hause Parador bietet sich für eine solche Nutzung an. Auf den folgenden Seiten zeigen wir, was man tun kann oder muß, wenn man sich die Arbeit leichtmachen will.

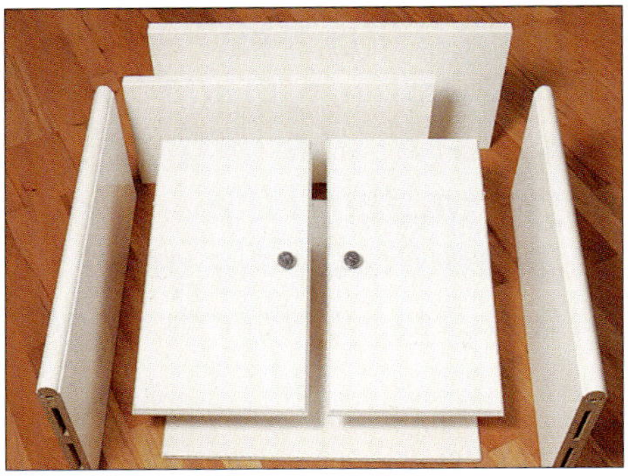

Perfekt lackiert, fertig für den Zusammenbau: ein Schrankkorpus mit zwei Seiten, der Rückwand, Ober- und Unterboden, zwei Türen.

Nach einem Rasterbandmaß, auf dem alle Montagepunkte markiert sind, werden die Verbindungsbeschläge in Lochreihen fixiert.

Spezialbeschläge zur Montage

Wer genau wissen möchte, welche Vorteile die Nutzung eines Möbelbausystems auch für die Einrichtung der Dachschräge mit sich bringt, der sollte den Weg zu einem Holzhändler nicht scheuen. Dort nämlich (und nicht im Bau- und Heimwerkermarkt) finden sich die sogenannten Ideenstudios mit entsprechenden Fachberatern, die meist auch anhand von Ausstellungsstücken vorführen und erklären können, welche Vielzahl von Möglichkeiten in den vorgefertigten Elementen stecken. Ein kurzer Einblick gefällig? Also: MachArt-Möbelbauteile sind oberflächenbehandelte, einbaufertig vorbereitete Elemente, die in ihrer Qualität den handelsüblichen Qualitätsmöbeln in nichts nachstehen. Man bekommt sie in diversen Holzarten oder fix und fertig lackiert. Ist die Entscheidung für eine bestimmte Holzoberfläche gefallen, kann man sich gemeinsam mit dem Fachberater zusammensetzen und das Aussehen sowie die Ausstattung jedes einzelnen Möbels exakt planen. Grundlage jeder Planung ist ein großer

An Halteplättchen wird die Rückwand befestigt, nachdem die beiden Seiten mit dem Ober- und dem Unterboden verbunden sind.

Auch für die Sockelblende, die unterhalb des Unterbodens sitzt, gibt es spezielle Beschläge. Die Blende wird mit Clips daran befestigt.

Das macht sie so vielseitig verwendbar.

Planungsrasterbogen, auf dem man die Möbel maßstabsgetreu skizzieren kann. Damit das Ihnen und den Fachberatern schnell von der Hand geht, ist das ganze System in einem Planungscomputer gespeichert. Der Computerausdruck enthält also sämtliche mit speziellen Kürzeln versehenen Bauteile wie z. B. unterschiedlich hohe Stollen, verschieden breite Türen, Schubfächer oder Einlegeböden usw. Diese Computerplanung hat übrigens noch einen Vorteil: Der Systemberater kann, sobald Sie den Entwurf akzeptiert haben, schon in Mark und Pfennig ausrechnen, was das Ganze kosten wird. Ein wenig Geduld müssen Sie allerdings noch mitbringen, bevor Sie Ihre Systemmöbel einbauen können: Das Anfertigen, das für jeden Auftrag gesondert geschieht, dauert etwa 4 bis 6 Wochen. Dann aber werden Ihnen die MachArt-Möbel angeliefert: sauber in Kartons verpackt, übersichtlich sortiert und gut beschriftet, so daß auch auf der „Baustelle“ in Ihrer Wohnung alles glattgehen wird.

In den Lochreihen der Korpus-Seitenwände werden die Kugellager-Vollauszüge festgeschraubt, wenn der Korpus verbunden ist.

Je zwei Kunststoffklötzchen, mit der Abdeckplatte verschraubt, greifen in die Schlitze der Seitenteile. Die Positionen genau ausmessen.

Die Schubfächer bestehen aus Seitenwänden, Rückfront, Boden und einer Blende. Die Positionen für die Verbinder sind vorgebohrt.

Die Türbeschläge werden in den Bohrungen auf der Türinnenseite festgeschraubt, die Gegenstücke in den vorhandenen Lochreihen.

Einzelne **Bausteine** muß man dennoch erst

Das Prinzip *dieses Möbelbausystems gleicht einem Fachwerk. Reizvoller Effekt: das Kombinieren von furniertem und lackiertem Holz.*

Mit einer Handkreissäge, *die auf einer Führungsschiene gleitet, gelingt der Zuschnitt der Stollen winkelgerecht und sauber.*

Die Position der Stollen *markiert man mit Bleistift auf der Wand. Jeden Stollen einzeln ausmessen, anreißen und zuschneiden.*

Als Konstruktionsböden *sind der oberste, der unterste und ein Fachboden in der Mitte angelegt. Alle anderen ruhen auf Bodenträgern.*

Mit einer Schmiege *kann man den Winkel von toten Ecken ausmessen, die verkleidet werden. Lotrechte per Wasserwaage ermitteln.*

am Einbauort anpassen und zusägen.

Eingenarbeit trotz Vorbereitung

Auch wenn das MachArt-System noch so gut ausgeklügelt ist: Beim Möbeleinbau unter der Dachschräge kommt man einfach nicht darum herum, einige Bauteile ganz genau auf die vor Ort herrschenden Bauhöhen anzupassen. In der Regel sind das die aufrechten, doppelwandigen Stollen, die ja so einem Einbaumöbel erst die gewünschte Form verleihen, wenn sie sich an die Schmiege der Dachverkleidung anpassen. Den genauen Standort jedes Stollens mißt man also vorher aus – und selbstverständlich auch die exakte Höhe. Dann muß man die Stollen, die vorsorglich mit etwas Überlänge bestellt wurden, ein wenig kürzen. Das ist mit einer Führungsschiene und einer guten Handkreissäge auch keine große Sache. Die Schnittkanten sollte man mit einer aufgeleimten, zuvor auf Form geschnittenen dünnen Leiste oder einfach mit einem aufbügelbaren Umleimerstreifen abdecken. Und danach kann man die komplett vorgefertigte Regalwand aufstellen wie zuvor den Schrankkorpus.

__Füllstücke__ kann man sich leicht aus einem Stollenrest fertigen. Nach der Schmiege anreißen, mit der Handkreissäge abschneiden.

__Die halbfertige Regalecke__ läßt schon erkennen, daß Raum und Möbel gut harmonieren. Schubfächer und Türen fehlen noch.

Einbaumöbel und Wandpaneele wie aus einem Guß

Auch das ist einer der Vorzüge des MachArt-Systems: Da es – wie zahlreiche Wandpaneele auch – vom gleichen Hersteller kommt, passen die Holz- oder Lackoberflächen absolut stimmig zusammen. So fällt es auch dem handwerklichen Laien nicht schwer, zu einer Raumgestaltung zu gelangen, wie sie der Profi kaum besser hinbekommen kann. Auch hier sollte man sich im Parador-Ideenstudio beraten lassen.

Auch ein **Schreibtisch** läßt sich in dieses

Eine buchenfurnierte Arbeitsplatte, zwischen den halbhohen Schränken eingebaut, fügt sich gut in die Möbelzeile ein.

Eine Abdeckplatte mit zwei nützlichen Fuktionen

Fensterbank und Heizkörperabdeckung in einem – das ist diese lange Abdeckplatte, die die beiden Schrankelemente links und rechts vom Heizkörper optisch verbindet. Sie wird einfach auf die Stollen der Schrankkorpusse aufgelegt und beidseitig der Heizkörpernische mit anschraubbaren Möbelverbindern fest fixiert. So entsteht eine wohnlich ansprechende Lösung, die auch den Wärmefluß nicht unterbindet.

Praktische Problemlösungen

Einrichtungsvarianten für die Möblierung des Dachgeschosses gibt es ohne Zahl: Der eine bevorzugt offene Regale, in denen er seine Bücher unterbringen kann. Der andere entscheidet sich vielleicht für geschlossene Schrankfronten mit massiven Türen, hinter denen sich allerlei Dinge verstecken lassen, die weniger dekorativ sind. Und ein dritter möchte gern die Kombination aus beiden Lösungen – hier etwas zur Schau stellen, dort etwas vor neugierigen Blicken verbergen. Alle diese Wünsche lassen sich mit dem MachArt-System aus dem Hause Parador verwirklichen. Wenn man will, sogar ein Computer-Arbeitsplatz mit einer Schreibplatte, die einfach zwischen den halbhohen Regalstollen unter der Schräge und direkt vor dem Dachflächenfenster eingesetzt wird. Wir haben auch hier eine Tischplatte gewählt, die im System enthalten und mit einer der vielen schönen Holzarten furniert ist.

Auch wenn wir es gerne wollten: Die ganze Bandbreite der lieferbaren Holzoberflächen können wir hier leider nicht wiedergeben. Sie ist einfach zu umfangreich. Immerhin kann man unter allein zehn verschiedenen Edelhölzern wählen, von Anigré Natur über Mahagoni gebeizt, Eiche Natur, Buche hell und Esche Struktur weiß (wie wir sie für unsere Einrichtungslösung gewählt haben). Und natürlich kann man auch hier weiße und Naturholz-Oberflächen miteinander kombinieren, was zu reizvollen Lösungen führt. Vorgefertigte Tischplatten, rechteckig, oval oder rund, komplettieren das Angebot – die zum System passenden leicht montierbaren Tischbeine sind in Chrom oder Schwarz zu haben.

Massive Trageleisten, an den Schrankstollen links und rechts vom Fenster festgeschraubt, dienen als Auflagefläche für die Tischplatte.

Zwei Stahlrohrfüße, mit großen, anschraubbaren Montageplatten versehen, stützen die Vorderkante der Schreibtischplatte ab.

Möbelverbinder halten die 130 cm breite, 110 cm tiefe Buchenholzplatte fest. Einfach von vorn einschieben, von unten festschrauben.

Unter der Dachschräge

Immer an der Wand entlang: So ist dieses Möbelsystem angeordnet. Helle Fronten und dunkle Seiten setzen reizvolle Kontraste.

gibt es reichlich Stauraum.

Wer sich zutraut, Möbel selber zu bauen, kann mit diesem Anbausystem sogar den sonst unzugänglichen Platz ausnutzen. Ein kleiner Trick macht's möglich.

Auch wenn die Räume unterm Dach sehr beliebt sind, weil ihre schrägen Wände einen besonderen Charme ausstrahlen: Sobald es ans Möblieren geht, wird es ein wenig problematisch.
Wer den Stauraum auch bei einem Dach mit niedrigem Kniestock möglichst effektiv nutzen möchte, kann unser Anbaumöbelsystem nutzen. Es besteht aus einfachen Schrankkorpussen, von denen jeweils zwei auf einer Grundplatte so befestigt sind, daß der Zwischenraum eine ganze Schubkastenbreite ausmacht. Diese Schubfächer werden in Überlängen gefertigt, so daß sie bis an die Verkleidung des Kniestocks heranreichen. So gewinnt man jede Menge gut zugänglichen Stauraum.

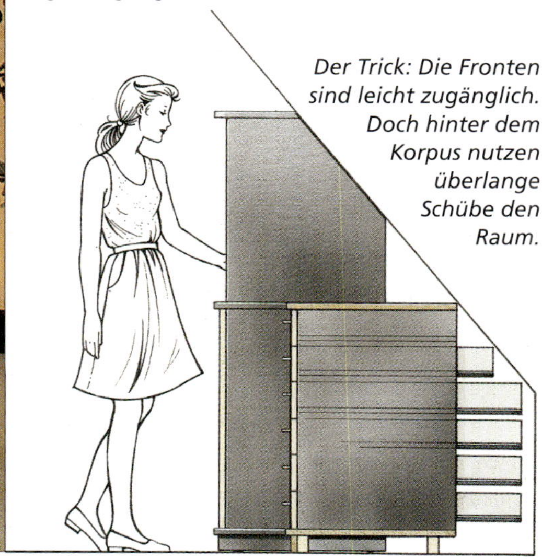

Der Trick: Die Fronten sind leicht zugänglich. Doch hinter dem Korpus nutzen überlange Schübe den Raum.

Schon mit einfachen **Werkzeugen** kann

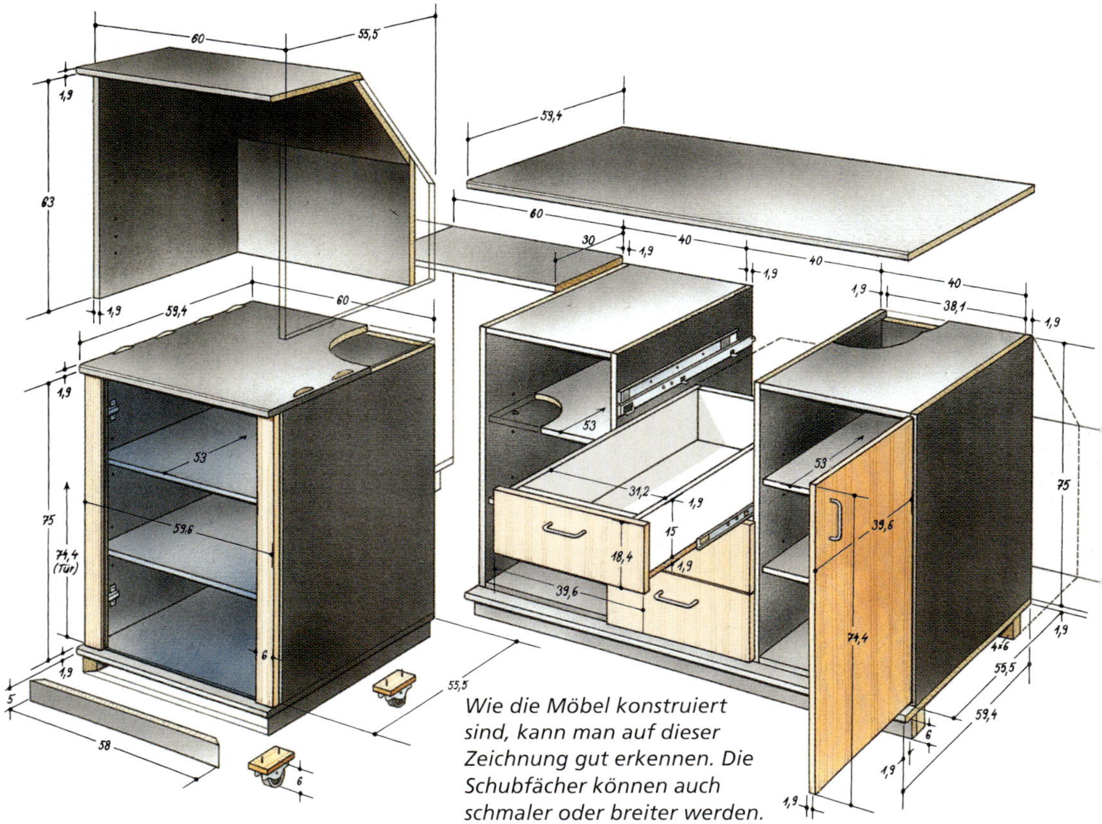

Wie die Möbel konstruiert sind, kann man auf dieser Zeichnung gut erkennen. Die Schubfächer können auch schmaler oder breiter werden.

Aus einzelnen Elementen entsteht ein Möbelprogramm nach Maß

Eine simple Bauweise mit überzeugendem Nutzwert: So ließe sich dieses Selbstbau-Möbelsystem auf eine Kurzformel bringen. Zwei Seiten, Boden, Deckplatte und Rückwand ergeben immer den gleichen Korpus. Und zwei davon werden in immer dem gleichen (oder auch frei zu bestimmenden) Abstand auf einer Bodenplatte befestigt. Der Platz dazwischen wird durch eine Schubkastenreihe gefüllt, die so tief bemessen wird, daß sie den kompletten Stauraum bis zur Drempelwand nutzt. Damit das gut funktioniert, werden alle Schubfächer mit Vollauszügen ausgestattet, die von außen an den gegenüberliegenden Korpusseiten angebracht sind. Die Korpusoberkante stößt hinten an die Wandschräge an. Lediglich die Korpusblende, die den seitlichen Abschluß der Anbaureihe bildet, muß an ihrer Oberkante der Schräge angepaßt werden – das gleiche gilt für den aufgesetzten Oberschrank. Alle Korpusplatten werden einfach nur mit Schnellbauschrauben verbunden. Sichtbare Köpfe deckt man mit Kunststoffkappen ab.

man diese Systemmöbel selbst herstellen.

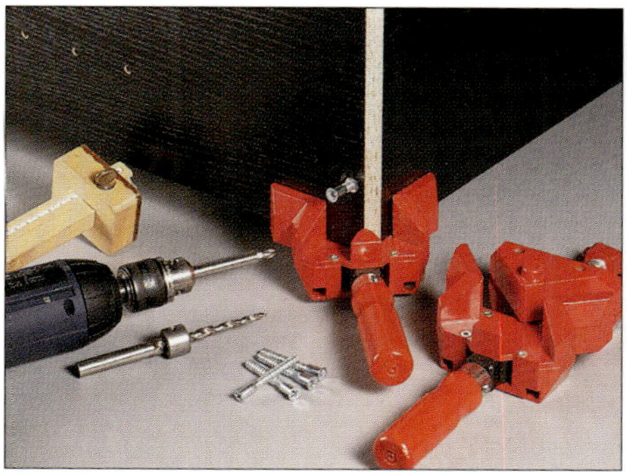

Mit Winkelspannern *fixiert man während des Bohrvorgangs die paßgenau zusammengefügten Platten. Tiefenanschlag benutzen!*

Eine Bohrschablone *aus Restholz garantiert exakte Lochreihen für die Bodenträger. Die Zwischenwände ganz durchbohren.*

Auf einer Sockelplatte *werden die Korpusse festgeschraubt. Die letzte Seitenwand mit einer genau angepaßten Blende verdecken.*

Fachböden *oder Schubfächer füllen den Raum zwischen den fest verschraubten Korpussen. Das Zwischenmaß einhalten!*

Die Schranktüren, *auf Maß abgelängte Postforming-Platten, mit Topfbändern anbringen. Die Deckplatte aufsetzen, unsichtbar fixieren.*

Die Schubladen *baut man stets so tief, wie es der vorhandene Platz bis zur Wand zuläßt. Je nach Dachform können das drei Stufen sein.*

Ein Bausystem mit vielen Möglichkeiten

Wie die Einbaumöbel aussehen, bestimmen Sie ganz allein

Die vier Fotos oben machen deutlich, wie vielseitig dieses Selbstbau-Möbelsystem ist. Das Baumaterial, 19 mm dicke Spanplatte mit Eschenholzstruktur in Schwarz, kann man sich schon beim Holzhändler passend zuschneiden lassen, wenn man zuvor eine Konstruktionszeichnung angefertigt hat, die auf die eigenen Bedürfnisse bzw. Raumverhältnisse abgestimmt wurde. Alle sichtbaren Schnittkanten werden mit aufbügelbaren Umleimern versehen, bevor man die Einzelteile zu einer entsprechenden Zahl von Korpussen verschraubt. Wer die Schraubenköpfe der Spaxschrauben schon beim Bohren mit einem aufgesteckten Senker ansenkt, spart einen Arbeitsgang. Die Bohrungen zum Einsetzen von Bodenträgern oder die Löcher für die Schubkastenvollauszüge sollten gemacht sein, bevor man die Platten verschraubt. Für die Schranktüren mit dem Rastermaß von 36,5 cm gibt es beim Holzhändler eine ganze Reihe von vorgefertigten Türen oder Zuschnittplatten.

ZuhauseWohnen
STECKT JEDEN MONAT VOLLER IDEEN.
Ideen fürs Bad!
Super Deko
Schönes zum Selbermachen
Toll für Gäste!
Top Adressen
Wohnberatung!!
44 Seiten Extra
Wände kreativ gestalten
Die neuen Trends
22 Seiten Balkon & Garten
76 Seiten Extra Haus & Ideen
Stil-Mix
72 Seiten Extra
Kreative Ideen fürs Kinderzimmer
Wohnen wie im Süden
92 Seiten Extra Bad & Ideen
Landhaus-Stil für Genießer

Möbel für Leute, die alles

Richtig schräg: die Möbelidee, die speziell für die Wohnung unterm Dach entwickelt wurde. Hier sind nicht nur die Möbelseiten der Dachneigung angepaßt. Auch formal wurde die Schräge in die Gestaltung einbezogen.

Ein Grundmodell, zwei verschiedene Nutzungsangebote: Das und noch viel mehr bietet dieser Möbelentwurf für die Dachschräge. Über große handwerkliche Fähigkeiten muß man nicht verfügen, um die Ideen zu verwirklichen. Wer will, kann die fertig zugeschnittenen 19 mm dicken MDF-Platten einfach stumpf miteinander verschrauben. Die Schraubenköpfe, gut angesenkt und verspachtelt, verschwinden unter einer deckenden Lackierung. Aber auch Einbohrmöbelverbinder eignen sich als Verbindungselemente. Die aufgesetzten Dreiecke an den Korpusseiten sind aus furnierter Spanplatte, hier in Kirsche.

Schräge lieben

Die Höhe des Drempels bestimmt das Maß für die Möbel. Soll diese Gestaltung nachvollzogen werden, darf der Korpus nicht tiefer sein, als der Drempel hoch ist.

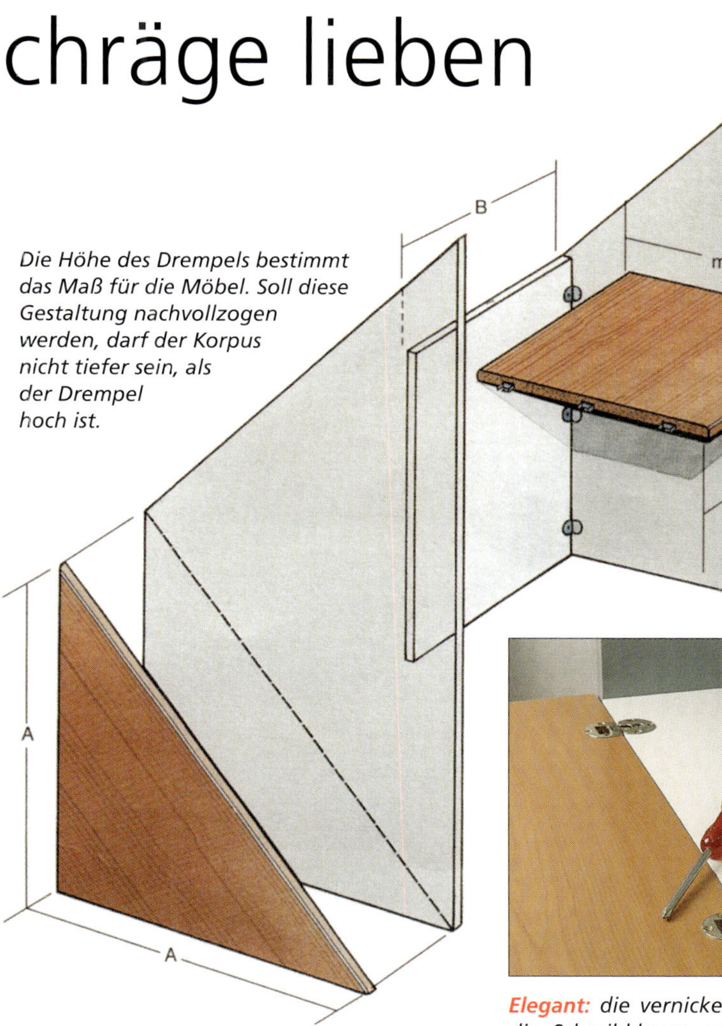

Elegant: *die vernickelten Klappenscharniere, die Schreibklappe und Mittelboden verbinden. Man läßt sie mit dem Forstnerbohrer ein.*

1 *Der Schreibsekretär (links im Bild) verfügt nicht nur über eine große Klappe, sondern auch über jede Menge Stauraum dahinter. Heruntergeklappt ist die Klappe Schreibplatz, der auf einem schmalen, schubfachähnlichen Auszug ruht und in dem sich z. B. die Schreibutensilien unterbringen lassen. Eine Menge verstauen kann man auch in den drei großen Schubfächern, die darunter angeordnet sind. Die Einzelteile sind aus beschichteter Spanplatte zugeschnitten und stumpf zusammengeschraubt. Die seitlich an den Schubfächern angebrachten Quadrokugelauszüge verbinden die Schübe fest mit dem Korpus und verhindern, daß sie beim Herausziehen abkippen.*

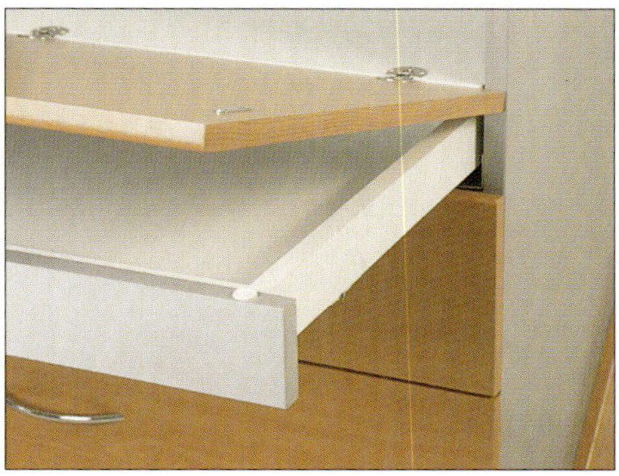

Ein flaches Schubfach *übernimmt hier die Funktion der Schreibplattenstütze. Aufgeklebte Filzscheiben schützen die Oberfläche.*

Ideal fürs Hobby: unser zweiter Vorschlag

Drei Blenden, *auf Abstand mit der Frontplatte verbunden, täuschen Schubfächer vor. So wird die Möbelfront schön unterteilt.*

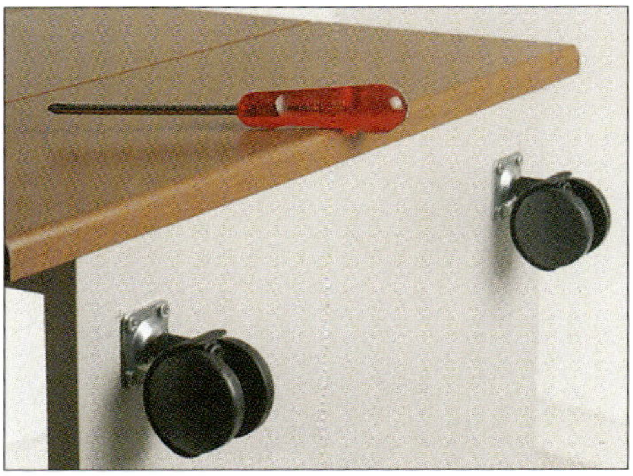

Vier Zwillingsrollen *machen den Regalwagen mobil. Schon beim Materialzuschnitt daran denken, daß etwa 8 cm Platz dafür bleibt!*

Sie bewirten gerne Gäste?

Dann verwandeln Sie das Möbel doch in eine kleine Hausbar. Der Rollwagen bietet genügend Platz für eine Menge Gläser und Flaschen, Mixzubehör verwahrt man in der Korpushülle.

2 Als Möbel im Möbel präsentiert sich unser Vorschlag Nr. 2, der Arbeitsplatz für den Fotoamateur. Was auf den ersten Blick wie ein Sideboard mit hochgezogenen Seitenwänden wirkt, ist in Wahrheit eine Korpushülle, die Platz für einen großen, mehrfach unterteilten Rollwagen bietet. Lenkrollen unter dem Unterboden sorgen dafür, daß man diesen Wagen an jeden Platz bewegen kann: vorteilhaft, wenn man z. B. die Urlaubsdias leinwandfüllend projizieren möchte. Auch dieses Möbel ist aus beschichteter, 19 mm dicker Spanplatte entstanden. Eine aufrechte Mittelwand gibt dem Rollwagen konstruktiven Halt.

Das Bad unterm Dach:

Gerade bei kleinen Räumen ist es wichtig, daß keine dunklen Farben verwendet werden, sondern alles hell und freundlich bleibt. Deshalb wurden für den Ausbau nur weiße Fliesen und Wandpaneele gewählt. Auch bei der Möblierung sollte man Farben nur sparsam einsetzen.

perfekt gefliest, gut ausgebaut

Wenn auf nur wenigen Quadratmetern ein schönes Bad entstehen soll, sind Ideen und Geschick gefragt. Einbaumöbel sind hier oft die Lösung.

Die Grundfläche des Bades in der Skizze unten hat gerade etwas mehr als sechs Quadratmeter: Es ist 3,63 m lang und 1,88 m breit – aber nur etwa die Hälfte dieser Fläche läßt sich mit erhobenem Haupt begehen. Der übrige Raum liegt im Bereich der Dachschräge, die einen Neigungswinkel von 45 Grad besitzt. Und doch wurde hier ein komplettes Badezimmer eingerichtet, das dank der Entscheidung, auf eine Wanne zu verzichten und statt dessen mit einer Dusche vorliebzunehmen, sogar noch großzügig wirkt. Einer der Gründe dafür ist sicherlich der auf Maß angepaßte Spiegel, der die ganze Raumbreite hinter dem Waschtisch einnimmt. Aber auch ein Einbauschrank unter der Schräge und die gläserne Duschabtrennung tragen dazu bei.

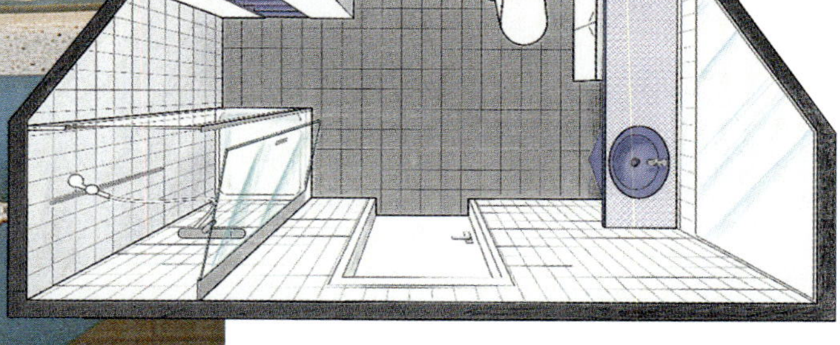

Verkleidungen ohne Stückwerk: *Wenn man die Maße der Sockel auf die Fliesengröße abstimmt, gelingt die Arbeit leichter und besser.*

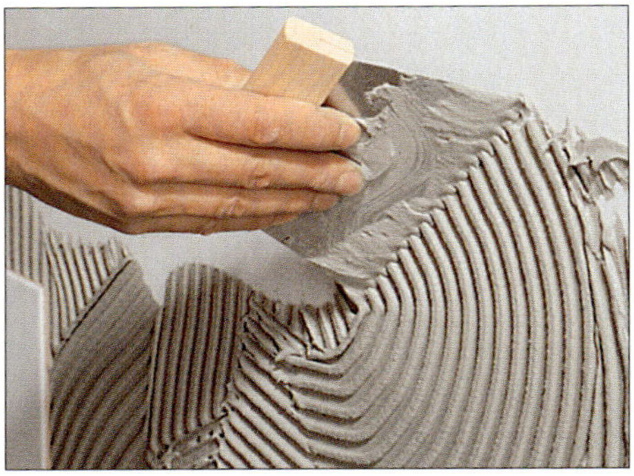

Abschnittweise arbeiten: *Das spart Mühe. Jeweils nur etwa einen halben Quadratmeter Fläche mit Fliesenkleber bestreichen.*

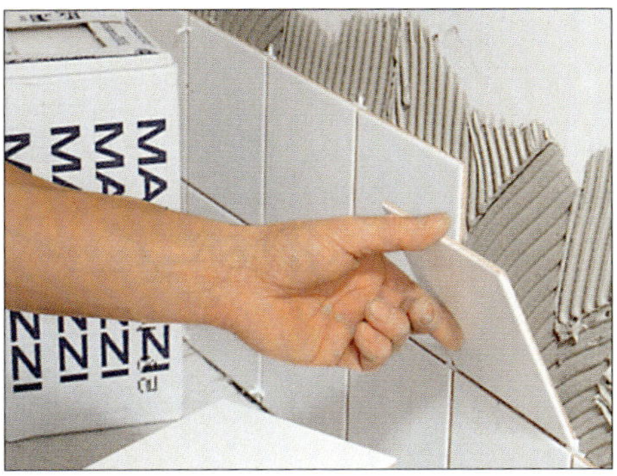

Nach Plan verlegen: *Damit alle Fliesenfugen exakt lotrecht verlaufen, werden vorher nach Wasserwaage Hilfslinien aufgezeichnet.*

Das Fliesen: so leicht wie nie

War das Fliesen früher ausschließlich eine Angelegenheit für den gelernten Fliesenleger, so kann heute wohl jeder, der etwas Geschick besitzt, Fliesenarbeiten selber ausführen. Der Grund: im Gegensatz zu früheren Zeiten, als Fliesen noch mit einem Batzen Mörtel an die Wand geheftet wurden, werden Wand- und Bodenfliesen heute fast ausschließlich im Dünnbettverfahren verklebt. Das heißt, man verstreicht mit einer Zahnkelle einen verarbeitungsfertigen Dispersionskleber auf einer ebenen Wand- oder Bodenfläche. Oder man mischt sich mit Wasser einen mineralischen Klebemörtel an, der werksseitig mit besonderen Zuschlagstoffen versehen ist, die ihn z. B. wasserfest oder besonders flexibel machen.
Auch die Werkzeuge, die man zum Selberfliesen braucht, sind heute für ein paar Mark bei jedem Fliesenhändler zu bekommen: das Fliesenschneidgerät, mit dem die Fliesen paßgenau und geradlinig zugeschnitten werden können. Den „Papageienschnabel“, eine Spezialzange, mit der man auch spezielle Formen aus der Fliese herausknabbern kann. Den Kreisschneider für alle runden Aussparungen an Rohren, Steckdosen usw. – und natürlich auch einen Zahnspachtel und eine Gummirakel, die fürs Verkleben und Verfugen nötig sind. Wer bedenkt, was eine Handwerkerstunde heute kostet, dem wird schnell klar, daß jede Mark für gutes Werkzeug sich bezahlt macht, wenn man selber fliesen will. Übrigens: Wandfliesen sind in ihrer Oberfläche weicher als Bodenfliesen, sie lassen sich also auch leichter schneiden. Wer harte Bodenfliesen verkleben will, sollte gleich eine paar Reserveschneidrädchen für den Fliesenschneider beschaffen.

nicht schwer und spart eine Menge Geld.

Runde Aussparungen *für Rohre und Steckdosen werden mit dem Kreisschneider gemacht. Den Kreisradius kann man genau einstellen.*

Paneele für Feuchträume

Wer in seinem Bad unterm Dach gern Holzpaneele an den Wänden hätte, muß beim Materialeinkauf darauf achten, daß er nur feuchtraumgeeignete Paneele wählt. Im Gegensatz zu herkömmlichen Wandpaneelen sind diese Hölzer entweder schon von Natur aus besonders ausgerüstet, wie z. B. Paneele aus Red Cedar, oder sie müssen vom Hersteller nicht nur auf der Sichtseite, sondern auch an den Kanten und auf der Rückseite gegen Feuchtigkeit versiegelt sein. Die Unterkonstruktion sollte so aufgebaut sein, daß die Hölzer gut belüftet werden. Vor direkter Nässe sind jedoch alle Paneele zu schützen.

Sauber verfugen: *Die Fugenmasse pastös anmischen, mit einer Gummirakel diagonal arbeitend in die offenen Fugen wischen.*

Die Fläche säubern: *Das geht mit dem feuchten Schwamm am besten. Diagonal über die Fläche führen, mit trockenem Tuch polieren.*

Anschlußfugen versiegeln: *Dazu wählt man eine Sanitärfugenmasse auf Silikonbasis, die mit einer Handpistole aufgetragen wird.*

Genau auf Maß: der **Waschtisch** mit einem

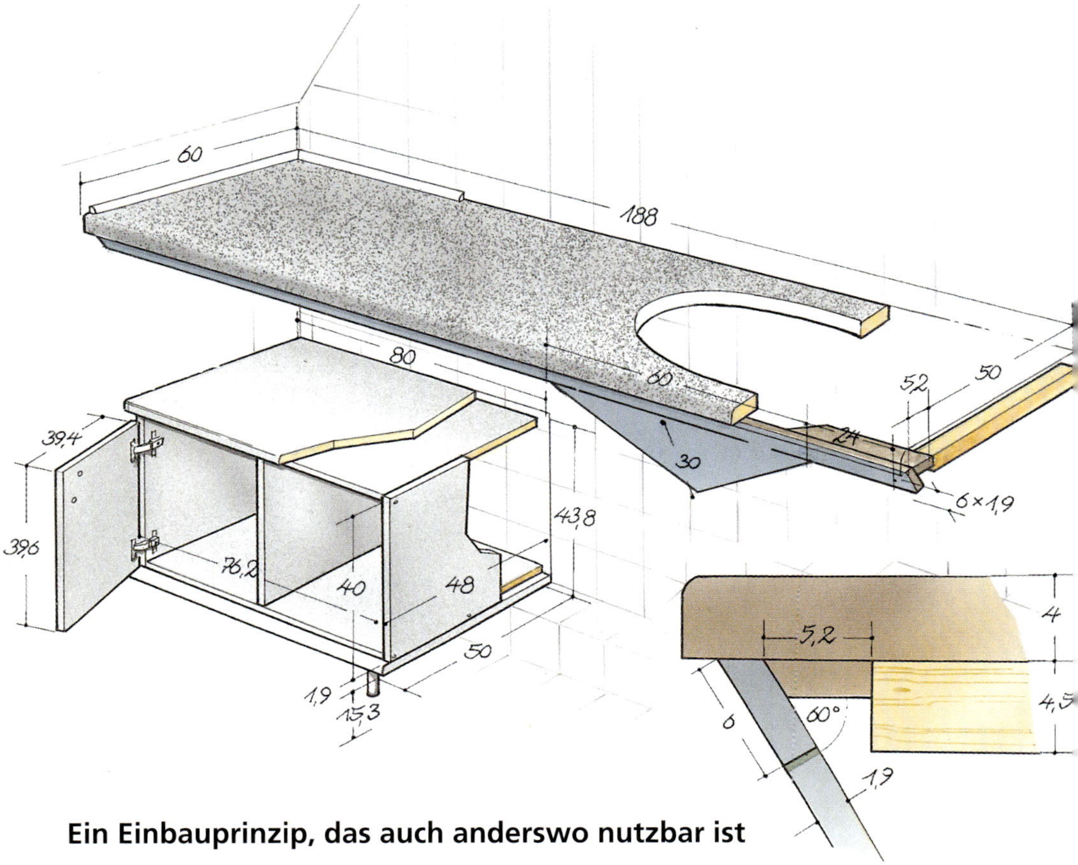

Ein Einbauprinzip, das auch anderswo nutzbar ist

Daß man mit der üblichen Badezimmermöblierung bei dem beengten Raum unterm Dach wenig anfangen kann, wird man schnell herausbekommen. Hier müssen Möbel auf Maß gebaut werden, will man den Raum optimal nutzen. Wie ein großzügiger Waschtisch entstehen und gleich noch etwas Stauraum gewonnen werden kann, ist auf der Skizze oben gut zu erkennen. Als Material für die Waschtischplatte wurde hier eine 60 cm breite Küchenarbeitsplatte eingesetzt, die ja bekanntlich sehr kratzfest und widerstandsfähig auch gegen Feuchtigkeit ist. Auf der rechten Seite – dort ist die Stehhöhe noch nicht durch die Dachschräge beeinträchtigt – wurde ein ovales Einbauwaschbecken eingelassen. Und auf der linken Seite, also dort, wo man ohnehin nicht mehr aufrecht stehen kann, ein kleiner Schrankkorpus daruntergesetzt, der sich hinten auf einen Fliesensockel abstützt, vorn auf zwei untergeschraubte, genau in der Länge angepaßte Stahlrohrbeine. Seinen soliden Halt erhält die Waschtischplatte übrigens dadurch, daß sie hinten in voller Länge auf einer mit der Wand verdübelten Dachlatte aufgelegt und verschraubt wird. Auch links und rechts bilden angedübelte Dachlattenzuschnitte die Auflage. Eine vorgesetzte, farbig lackierte Blende verdeckt den Einblick.

passenden kleinen Unterschrank

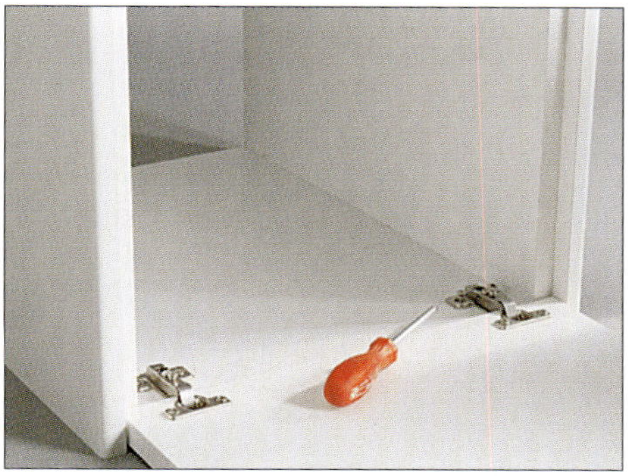

Der Schrankkorpus, *beschichtete Spanplatte, ist hier schon mit Ober- und Unterboden versehen. Türen werden mit Topfbändern fixiert.*

Wasserwaage und Zollstock *helfen, die Länge der Stahlrohrbeine zu ermitteln, wenn der Schrankkorpus auf dem Fliesensockel ruht.*

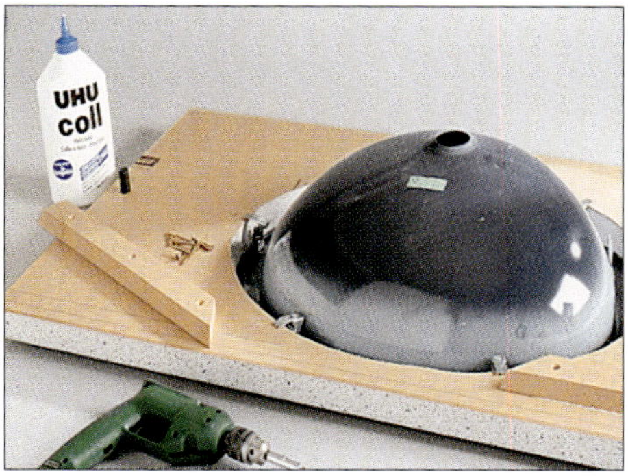

Das Becken *wird in die Waschtischplatte eingelassen. Unten Plattenstreifen anschrauben, die im 30°-Winkel abgeschrägt sind.*

Mit einer Blende *wird die ganze Waschtischplatte versehen, das Becken zusätzlich versteckt. Mit Leim und Flachdübeln montieren.*

Die Auflage *für den Waschtisch: je ein Stück Dachlatte links, rechts und über die ganze Wandfläche. Verdübeln und verschrauben!*

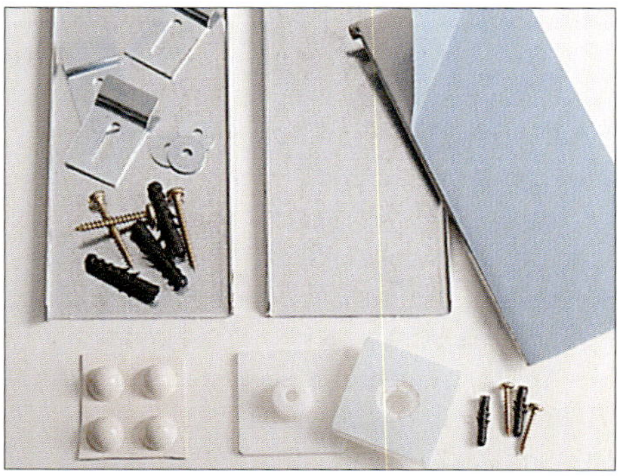

Gut festdübeln *muß man auch die Aufhängelaschen für den Spiegel. Die Gegenplatten mit Klebeband auf die Glasrückseite heften.*

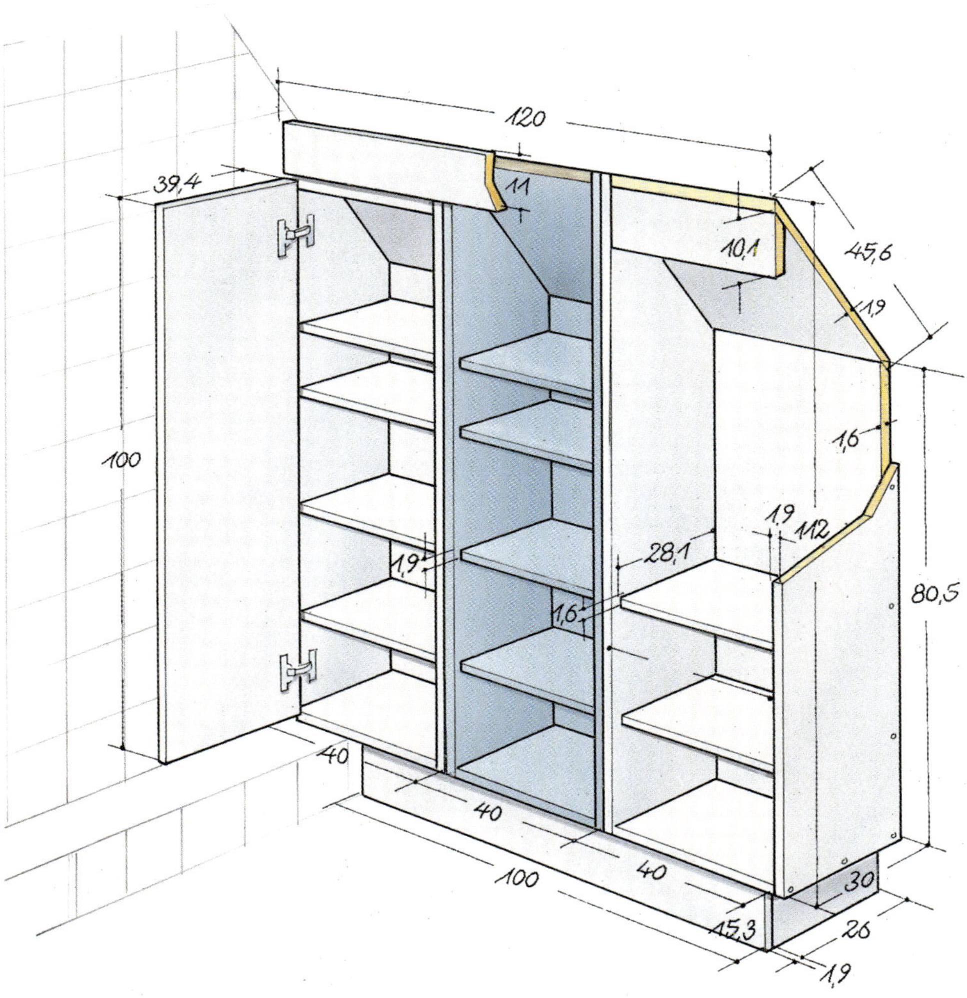

Ein praktischer Nischenfüller, aus drei Elementen aufgebaut

Mit einer Gesamthöhe von 127,3 cm und einer Tiefe von nur 32 cm bietet dieser Einbauschrank gerade so viel Stauraum, wie man es zum Unterbringen der Utensilien in einem kleinen Bad benötigt. Der Schrank besteht aus einem Sockel, der die Höhe eines vorhandenen Fliesensockels aufgreift, sowie aus drei Korpussen von je 40 cm Breite, die im Prinzip baugleich sind. Türen erhalten aber nur die aus beschichteter Spanplatte gebauten Elemente. Das Mittelstück, aus unbehandelter, aber gleich dicker MDF-Platte zugeschnitten und verschraubt, wird nur mit Einlegeböden versehen, bleibt aber unverschlossen: Platz für ein paar dekorative Fläschchen, für Seife, Shampoo etc.

Wer sich vor dem Materialzuschnitt, den man am besten gleich beim Holzhändler machen läßt, eine genaue Schablone für die Schräge anfertigt, kann dieses Einbaumöbel sogar dort zusammenmontieren, wo es später aufgestellt werden soll. Die Einzelteile sind handlich, der Zusammenbau ist einfach – doch einmal verschraubt, wiegt so ein Korpus schwer!

An die Schräge angepaßt *ist dieser Einbauschrank, der aus beschichteten Spanplatten und MDF-Platte hergestellt wurde.*

Drei Korpusse, *zwei aus beschichteter Spanplatte, einer aus MDF-Platte, werden separat verschraubt, später miteinander verbunden.*

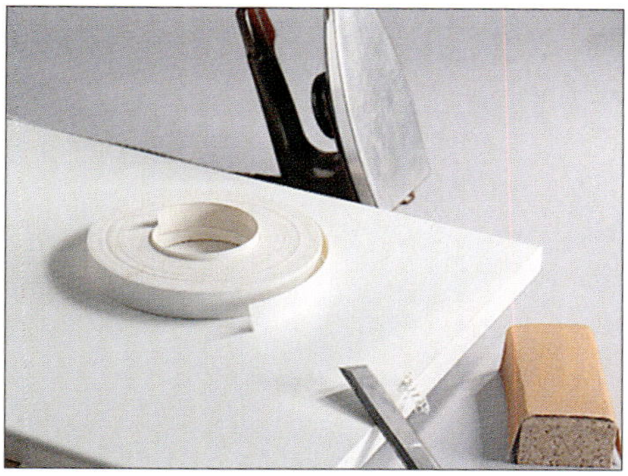

Die Schranktüren, *aus einer Postformingplatte zugeschnitten, müssen an den Schnittkanten mit Anleimerstreifen versehen werden.*

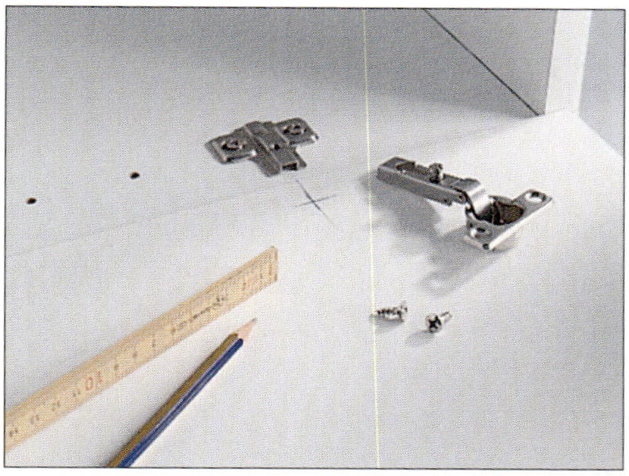

Schrankkorpus und Türen *muß man genau anpassen. Das Topfscharnier mit einem Forstnerbohrer in die Türrückseite einlassen.*

Den Farbton *für das mittlere Schrankelement aus MDF-Platte kann man auf den Ton der Sanitäreinbauten, z. B. Waschbecken, abtönen.*

Ein Sockelkasten *bildet den Fuß des Schranks, der links noch einmal auf einem Fliesensockel Halt findet. Die Korpusse verschrauben.*

Stichwortregister

Fotografen: Ariadne Ahrens, Seite 86–89, Seite 100–112; Baveg, München, Seite 62, 63; Columbus, Neusäß, Seite 64; HMG Türenwerke, Seite 78, 81; Jalag-Syndication, Seite 6, 7; Knauf-Werke, Seite 72–75; Louis Krages, Seite 86; René Lauert, Seite 114–116; Ferdinand Graf Luckner, Seite 20–23; Marco Moog, Seite 24, 25; Ostermann & Scheiwe, Seite 86; Parador, Seite 86, 98, 99, 105; Petra Stange, Seite 10–13, 16, 17, 28–36, 46–61, 67–71, 79, 82–85, 92–97, 118–125; Karin Vogel-Berensmann, Seite 10, 11, 26, 27, 38–45.